Instruments de musique,

historiques, rares et uniques

Alfred J. Hipkins

Writat

Cette édition parue en 2024

ISBN : 9789359945347

Publié par
Writat
email : info@writat.com

Contenu

INTRODUCTION. ....- 1 -

PLAQUE I. CORNES DE BURGMOTE. ....- 16 -

PLAQUE II. HARPE DE LA REINE MARIE. ....- 18 -

PLAQUE III. LA HARPE LAMONT. ....- 21 -

PLAQUE IV. CORNEMUSE, CORNEMUSE CALABRIENNE, MUSETTE. ....- 24 -

PLAQUE V. CORNEMUSES. ....- 27 -

PLAQUE VI. CLAVICYTHERIUM OU ÉPINETTE DROITE. ..- 30 -

PLAQUE VII. OLIPHANT. ....- 32 -

PLAQUE VIII. La vierge de la reine Elisabeth. ....- 34 -

PLAQUE IX. LE LUTH DE LA REINE ELIZABETH. ....- 36 -

PLAQUE X. LA GUITARE RIZZIO. ....- 39 -

PLAQUE XI. ORGANE POSITIF. ....- 41 -

PLAQUE XII. ROYAL. ....- 43 -

PLAQUE XIII. ORGUE PORTABLE ET BIBLE REGAL. ...- 45 -

PLAQUE XIV. CETERA. ....- 47 -

PLAQUE XV. LUTH. ....- 49 -

PLAQUE XVI. THÉORBE. ....- 52 -

PLAQUE XVII. TYMPANON. ....- 54 -

PLAQUE XVIII. VIRGINAL. ....- 57 -

PLAQUE XIX. VIOLE DE GAMBE. ....- 61 -

PLAQUE XX. DOUBLE ÉPINETTE OU VIERGE. ....- 63 -

PLAQUE XXI. TROIS CHITARRONI . ...- 66 -

PLAQUE XXII. ÉPINETTE. ....- 68 -

PLAQUE XXIII. QUINTERNA ET MANDOLINE. ....- 70 -

PLAQUE XXIV. CRWTH GALAIS. BALALÄIKA RUSSE. .- 73 -

PLAQUE XXV. VIOLON, LE HELLIER STRADIVARIUS
ET DEUX VIEUX ARCHETS NOTÉS POUR LES FLÛTES. - 76 -

PLAQUE XXVI. VIOLONS, L'ALARD STRADIVARIUS,
LE ROI JOSEPH GUARNERIUS DEL GESÙ. ....- 78 -

PLAQUE XXVII. VIOLA D'AMORE . ...- 81 -

PLAQUE XXVIII. CETERA, PAR ANTONIUS
STRADIVARIUS. ....- 84 -

PLAQUE XXIX. GUITARE, PAR ANTONIUS
STRADIVARIUS. ....- 86 -

PLAQUE XXX. CLOCHE HARPE ET VIELLE à roue. ....- 88 -

PLAQUE XXXI. SORDINI. ....- 92 -

PLAQUE XXXII. CLAVICORDE. ....- 94 -

PLAQUE XXXIII. LE CLAVECIN DE L'impératrice. ....- 97 -

PLAQUE XXXIV. HARPE À PÉDALES. ....- 100 -

PLAQUE XXXV. TROMPETTE D'ÉTAT ET KETTLEDRUM. .- 102 -

PLAQUE XXXVI. LUMINON DE CAVALERIE, À GLANDS.
TROMPETTE DE CAVALERIE, EN REFOSSÉ. TROMPETTES,
TROIS INSTRUMENTS—AVEC CROOKS, DORÉS ET
MONTÉS EN ARGENT. ....- 106 -

PLAQUE XXXVII. LITUUS, CAVALERIE ROMAINE.
BUCCINA, INFANTERIE ROMAINE. CORNET, À DEUX
SOUPAPES. TROMPETTES. ....- 108 -

PLAQUE XXXVIII. DEUX FLAGEOLETS DOUBLES, UNE
FLÛTE ALLEMANDE ET DEUX FLÛTES DOUCES . ...- 110 -

PLAQUE XXXIX. DOLCIANO . HAUTBOIS. BASSON.
HAUTBOIS DA CACCIA . COR DE BASSET. ....- 112 -

PLAQUE XL. SITÁRS ET VÍNA. ....- 114 -

PLAQUE XLI. TAMBOURS INDIENS. ....- 119 -

PLAQUE XLII. SCIE DUANG ET ARC. SCIE TAI ET ARC. SCIE OO ET ARC. KLUI. PIPI. ....- 122 -

PLAQUE XLIII. RANAT EK. KHONG YAI. TA'KHAY. ..- 124 -

PLAQUE XLIV. HU-CH'IN & ARC. SHÊNG. SAN-HSIEN. P'I-P'A. ....- 126 -

PLAQUE XLV. TI-TZU CHINOIS, SO-NA, YUEH-CH'IN. HIJI-RIKI JAPONAIS. LA-PA CHINOIS. ....- 129 -

PLAQUE XLVI. KOTO JAPONAIS. ....- 132 -

PLAQUE XLVII. SIAMISEN, KOKIU, BIWA. ....- 134 -

PLAQUE XLVIII. MARIMBA, D'AFRIQUE DU SUD. .....- 137 -

INTRODUCTION.

On prétend pour ce livre, destiné à illustrer de rares et beaux instruments de musique historiques, qu'il est unique. Les arts décoratifs, les armes et les costumes classiques, médiévaux , japonais et autres ont trouvé une illustration digne d'intérêt et une description adéquate, mais jusqu'à présent aucune tentative n'a été faite pour représenter de la même manière la grâce et le charme extérieur des beaux luths et harpes. de violes, virginales et autres instruments. Des gravures ont été réalisées, dans des ouvrages historiques ou techniques ; mais la plupart d'entre eux ne sont que de simples répétitions continuées de l'un à l'autre et n'ont aucun intérêt spécialement esthétique . La beauté des formes et l'adéquation de la décoration exigent plus que l'hommage banal rendu à un simple usage, et même si nous ne devons jamais perdre de vue le but d'un instrument de musique, sa capacité à produire des sons agréables et variés, nous pouvons tirer parti de sa forme et de sa capacité à produire des sons agréables et variés. matériau et, le rendant agréable à regarder, donne du plaisir aux yeux ainsi qu'à l'oreille. Il n'est guère nécessaire de dire que l'amour de la parure ou de l'ornement est un attribut de la race humaine. On le retrouve partout et à chaque époque où la vie est, pour le moment, sûre et les moyens d'existence assurés. L'un des modes de décoration préférés est le cachet caractéristique d'un peuple, d'une époque ou d'un pays. Les premiers monuments que nous pouvons signaler qui représentent des instruments de musique montrent une tendance à les orner ou à les placer dans un environnement décoratif. Les Égyptiens, les Assyriens, les Grecs anciens fournissent un récit qui a été continué par les Perses et les Sarrasins, à l'époque gothique et à la Renaissance, répétant toujours, pour ainsi dire, dans une écriture ineffaçable, le précepte selon lequel la main doit servir à la satisfaction de l'œil, et la satisfaire en alternant l'excitation et le repos. Et il en fut ainsi, jusqu'à ce que le merveilleux progrès mécanique du siècle actuel nous fasse non seulement oublier, par sa puissance écrasante, ce que nos prédécesseurs ont si résolument continué, mais nous incite à considérer le laid comme suffisant si la simple fin pratique est suffisante. servi. En paralysant ainsi l'appréciation et la poursuite de l'invention décorative, cette faculté a été temporairement engourdie et il existe un danger de la perdre complètement. On peut répondre qu'un véritable travail artistique est occasionnellement réalisé, et on en trouve des exemples dans les instruments de musique ; on réalise tantôt un bon buffet d'orgue, tantôt une belle décoration pour un buffet de piano. S'il existe un espoir d'un réveil de l'amour pour les instruments de musique qui trouve son expression dans leur décoration, sa promesse réside dans les magnifiques dessins qui ont été, ces dernières années, si méritoirement réalisés pour les pianos - l'invention de M. Alma Tadema. , M. Burne Jones, M. Fox et Mlle

Kate Faulkner. Une bonne décoration ne doit pas nécessairement être un privilège des riches ; les anciens facteurs de clavecins anversois , tous membres de la guilde de Saint-Luc, la guilde des artistes, savaient décorer dignement leurs instruments à peu de frais, comme on peut le voir dans le Ruckers Virginal, <u>planche XVIII</u> . Ils peignaient leurs tables d'harmonie avec des ornements appropriés et utilisaient des couleurs vives pour rehausser l'effet de leurs instruments lorsqu'ils étaient ouverts. Les Italiens sont allés encore plus loin dans des détails plus riches et ont embelli d'autres instruments à cordes que ceux à clavier. La persistance des nobles traditions est montrée dans l'ornement exquis des instruments siamois (Planches <u>XLII.</u> et <u>XLIII.</u>) et du Koto japonais (<u>Planche XLVI.</u>). Il serait grave que cet héritage oriental soit perdu à cause de la greffe des idées occidentales et de la réception de notre civilisation matérielle . Le stimulant à tout travail de ce genre est le plaisir qu'on y trouve, et sans plaisir au travail, la vie du travailleur est triste et sans but.

En décrivant les instruments de musique , nous ne pouvons nous référer à aucun commencement ; celles que l'on aperçoit vaguement dans les lueurs de l'aube historique présentent une certaine complétude qui marque une avancée intellectuelle déjà accomplie. La célèbre Nefer égyptienne, une guitare en forme de pique, ou plutôt un tamboura, invitait par son long manche à arrêter diverses notes sur ses cordes. Dès la Troisième Dynastie, il était déjà utilisé depuis si longtemps qu'il était incorporé dans le langage pictural des Hiéroglyphes, dans lequel sa représentation présentait le concept ou le symbole de l'attribut *bien* . Cet instrument à cordes, si complexe dans son jeu, devait déjà être gris avec l'âge lorsqu'il fut gravé dans la pierre dans le monument de la belle princesse Nefer-t, aujourd'hui conservé au musée de Boulaq . Nous ne pouvons pas conjecturer quand on a découvert que plus de sons pouvaient être obtenus à partir d'une seule corde en profitant de l'avantage d'un long manche ou d'une touche, ou d'un seul tuyau en y perçant des trous latéraux et en fermant ces trous. produire différentes notes avec les doigts. Même ces inventions lointaines, certainement préhistoriques, semblent exiger qu'il y ait des inventions encore plus anciennes, celles qui plaçaient côte à côte des tuyaux ou des cordes de différentes longueurs, ou des cordes de même longueur mais d'épaisseurs et de tension différentes, comme dans le syrinx. ou les flûtes de Pan, ou la harpe et la lyre.

Le regretté Carl Engel, *dans Music of the Most Ancient Nations* (Londres, 1864), a élaboré une sorte de théorie du développement des instruments de musique, donnant la première place au tambour et la plus récente aux instruments à cordes ; ceux de ces derniers à clavier ayant été inventés presque de nos jours. Cette théorie a été récemment reconstruite sur une base plus scientifique par M. Rowbotham (*History of Music* , vol. I ., Londres, 1885). Le tambour et le tambourin, ainsi que d'autres instruments bruyants et simples marquant le temps, comme les sistres , les cymbales, les castagnettes et les triangles, sont à la limite du son et du bruit musical, inclinant pour la plupart vers ces derniers. Le tambour est largement utilisé dans les services religieux dans différentes parties du monde, et jouer du sistre était dans l'Égypte ancienne la prérogative d'un ordre sacerdotal élevé. Les divers gongs bouddhistes ressemblent aux timbales en ce sens qu'ils contiennent un élément musical plus définissable, et l'on retrouve ces instruments métalliques sonores largement utilisés en Chine et dans les pays indochinois, à Java et dans l'archipel indien. Les tambours indiens (Planche XLI.), selon la théorie que nous venons d'évoquer, devraient être aborigènes, mais le plus ancien, le M'ridang , est attribué au dieu S'iva , et est donc aryen. Le tambour d'État de Sa Majesté la Reine (planche XXXV.), orné ici d'un bandeau en soie richement brodé, sert à montrer le point le plus élevé que le tambour ait encore atteint en termes d'estimation et d'utilisation. A un niveau beaucoup plus élevé se trouve la disposition des barres de bois ou de métal dans les instruments généralement classés comme Harmonicons, qui sont particulièrement présents à Java, au Siam et en Birmanie, et sont connus pour être utilisés dans la région montagneuse de l'Inde dans une seule direction. , à l'Afrique dans l'autre. Les beaux siamois Ranat et Khong (planche XLIII.) et le zoulou Marimba (planche XLVIII.) sont des exemples de cette large distribution, et dans ce dernier, les résonateurs en calebasse attachés aux barres montrent la forme la plus simple de renforçateurs de son, qui, perfectionnés en divers instruments orientaux, tels que les Vínas et les Sitárs indiens (Planche XL.) ont atteint en Europe leur développement artistique culminant dans les magnifiques corps de résonance en forme de poire du luth et de la mandoline . On trouve aussi des variétés de cette belle forme dans les tambouras géorgiens et turcomans, le Colascione de l'Italie du Sud et des instruments similaires, dont les migrations peuvent être retracées ici et là selon les mouvements religieux, comme en Asie centrale et dans l'Hindoustan , en Chine. , la Corée et le Japon. Par exemple, les luths et les guitares à manche plus court, les rebec, rebab et autres précurseurs des violes et des violons, qui, empruntés à la population arabe de Terre Sainte, sont en fait arrivés en Europe sous la vague réflexe des croisades. L'occupation sarrasine de l'Espagne a cependant eu sa part dans la transmission de ces instruments, et d'un goût pour le *pizzicato* , et aussi d'une élaboration d'ornement vocal et instrumental, qui est restée dans les airs et les danses populaires de ce pays. et, caractéristique importante de la musique des Troubadours et des Trouvères, a partout laissé sa marque sur notre musique moderne. Le sang arabe en Espagne a peut-être eu tendance à préserver l'usage de la guitare comme instrument national dans ce pays. Une guitare (planche XXIX.) et une cetera (planche XXVIII.) fabriquées par Stradivarius, comme il signait habituellement son nom, présentent un intérêt particulier car elles montrent qu'il n'hésitait pas à fabriquer des instruments plus simples que des violons. La belle guitare en écaille de tortue (planche X.) a une tradition qui la relie à Marie d'Écosse et au malheureux Rizzio. Dans tous ces instruments de guitare et de luth, les roses des tables d'harmonie témoignent d'une richesse d'invention dans le design vraiment étonnante. Un ouvrage de ce genre ne serait pas sans intérêt s'il était consacré uniquement à ces roses, et à celles des épinettes et des clavecins. Les guitares ont un dos plat et des corps de résonance en forme de coquille ou de poire de luth, et les premiers sont à nouveau divisés en guitare proprement dite avec des cordes en boyau de chat et en cithers avec des cordes métalliques nécessitant l' emploi d'un plectre. La Cetera est le nom italien du cither et celui dessiné sur la planche XIV. est d'une beauté remarquable, quoique pas inhabituelle. La cithare à laquelle est traditionnellement attaché le nom de la reine Elizabeth, appartient à la famille anglaise des Pandore , Orpheoreon et Penorcon ; ce n'est pas exactement un de ces instruments, mais il ressemble le plus au dernier nommé. En tant que bel échantillon de l'œuvre anglaise, ne cédant en rien à l'œuvre italienne, ce bel instrument, communément connu sous le nom de luth de la reine Elizabeth (planche IX.), ne peut être trop vanté. Il faut se référer à la description accompagnant ce dessin, et en fait aux descriptions de tous les dessins, pour les détails particuliers qui sont plus commodément donnés séparément. Le luth (planche XV.) est l'un des plus beaux exemples existants en son genre. Il porte l'étiquette de Vvendelio Venere, Padoue, datée de 1600, et marque l'aboutissement de cet instrument autrefois préféré . Les grands luths basses – les théorbes et les chitarroni – qui furent utilisés vers cette date furent rendus nécessaires par la faiblesse des basses du clavecin contemporain, qui était insuffisant comme sous-structure pour le Continuo, ou Thorough Bass, destiné à accompagnent le Recitativo, alors récemment introduit à Florence, et formant une partie essentielle de cette Monodie qui fut la dernière floraison de la Renaissance, appliquée au dernier art, la musique harmonisée . Les Théorbes vénitiens (ou Tiorbe) et les Chitarroni (Planches XVI et XXI) sont d'une grande beauté et d'un grand intérêt historique. Mais le luth, même lorsqu'on y ajoutait des diapasons ou des cordes de basse supplémentaires, disparut, remplacé par l'épinette, plus utile, bien que moins joliment tonique. Les derniers instruments de luth sont les agréables mandolines auxquelles la mode pourrait peut-être accorder un nouveau regain de popularité. Ces instruments sont dessinés dans la planche XXIII . L'oreille et l'œil sont également satisfaits de ce point culminant de qualités atteint dans un violon, dans lequel le son et la forme sont si intimement et inséparablement liés que nous ne parvenons pas à concevoir l'un sans une référence mentale à l'autre. La forme et la couleur d'un beau violon sont en elles-mêmes si belles qu'il semble difficilement possible d'en rehausser l'effet en ajoutant une sorte de décoration, sauf dans la planche XXV. on verra qu'Antonio Stradivari, avec qui l'instrument a atteint la perfection, a réussi à incruster un de ses chefs-d'œuvre avec un dessin approprié. Un autre violon du même maître illustre, ici sans ornement, est dessiné dans la planche XXVI . Les caractéristiques particulières d'un autre célèbre fabricant de Crémone, Giuseppe Guarneri, qui signait lui-même "Del Gesù" et est considéré comme le seul rival de Stradivari, sont également illustrées dans cette planche. Cependant, avec les quarante-huit planches auxquelles se limite cet ouvrage, aucun schéma complet ne peut être offert des riches variétés d'instruments de musique qui existent, à l'exception de la Viola d'Amore (Planche XXVII.), d'un intérêt pictural, et de la Viola da Gamba (Planche XIX) n'ont pas été négligées.

Les instruments à vent, bien qu'ils puissent être d'invention plus ancienne dans leurs formes rudimentaires que ceux à cordes, comme dans la fable ancienne d'Apollon et Marsyas, sont toujours placés en deuxième position. Mais ils ont un intérêt intrinsèque et historique égal et, comme les tambours et les gongs, ils ont un lien particulier avec les rites sacrés de diverses nations. Le Shophar juif , une simple corne de bélier, dont une gravure sur bois, tirée d'un exemple intéressant conservé à la grande synagogue d'Aldgate, Londres, figure à la fin de cette introduction, est le plus ancien instrument à vent actuellement utilisé dans le monde. Il est mentionné pour la première fois dans la Bible comme sonnant lorsque le Seigneur descendit sur le mont Sinaï, et il ne fait aucun doute qu'il a été continuellement utilisé dans le service mosaïque depuis son établissement jusqu'à aujourd'hui. On le sonne dans les synagogues au Nouvel An et lors du jeûne du Jour des Expiations. Le Talmud donne dix raisons pour sonner le Shophar au Nouvel An, qui peuvent se résumer comme rappelant à ceux qui l'entendent la Création, la Pénitence et la Loi, les Prophètes, qui étaient comme des sentinelles soufflant des trompettes, du Temple et la liaison d'Isaac, l'humilité, le rassemblement d'Israël, la résurrection et le jour du jugement, où la trompette sonnera pour tous. L'embouchure du Shophar est très difficile, et on n'en obtient généralement que trois tons propres, bien que dans certains cas, des notes plus élevées puissent être obtenues. Les courtes fioritures rythmiques sont communes, avec des différences sans importance, aux Juifs allemands et portugais et datent par conséquent d'avant leur séparation. Ces fioritures

telles qu'utilisées dans le Rituel sont le Tekiah (T'qia ' h)

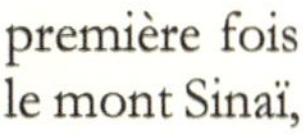

Shebarim (Sh'bharim) 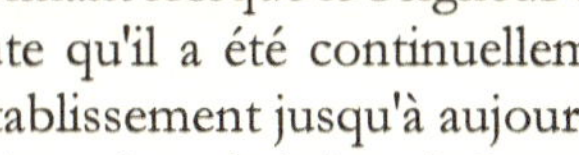 et Teruah (T'rua ' h)

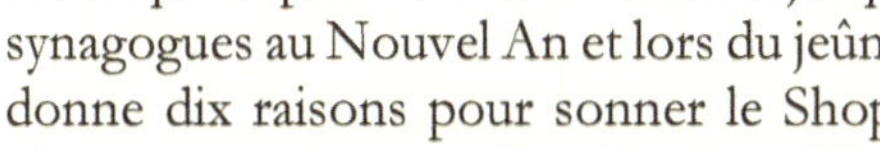

, généralement un *vibrato à langue* de

la note inférieure. La Guedola 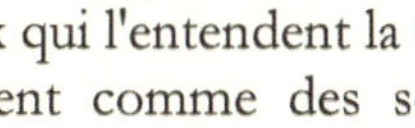 est le grand Tekiah qui conclut les fioritures. Le shophar est généralement une corne de bélier aplatie par la chaleur, l'alésage étant un tube cylindrique de très petit calibre , qui débouche dans une sorte de cloche de forme parabolique. Les notes données ici sont celles habituellement produites, mais à cause de la formation empirique de l'embouchure et d'une particularité des lèvres du joueur, une octave est parfois produite au lieu de la quinte normale. Le fondamental, s'il est obtenu, n'est pas considéré comme une véritable note shophar. Grâce à la médiation d'un ami, dont l'aide m'a permis de recueillir ces informations, j'ai entendu les fioritures du shophar jouées par un interprète compétent, et je suis en mesure de noter avec autorité ces phrases historiques étrangement intéressantes, pour la correction finale desquelles Je dois remercier le révérend Francis Cohen.

Les cornes en bronze sont également d'un usage très ancien et les spécimens existants, principalement d'origine celtique ou scandinave, sont souvent richement ornés. Leur emploi semble avoir été destiné à la guerre, à la chasse et aux festins. Plus récemment, leur possession a été rattachée aux coutumes féodales, comme le transfert et la possession de terres, et finalement, grâce à la croissance des grandes villes, elles sont devenues associées, comme l'étaient les intéressantes cornes de Douvres et de Canterbury (Planche I.), avec coutumes municipales. Des klaxons ont été sonnés pour le couvre-feu, et un exemple particulièrement caractéristique d'un tel coup de klaxon est un élément dramatique introduit par Wagner à la fin du deuxième acte de son drame musical shakespearien, *Die Meistersinger von Nürnberg* . La très belle corne en ivoire ou Oliphant (planche VII.) d'Earl Spencer était très probablement destinée à la chasse. Parmi d'autres instruments à vent simples dépendant des lèvres du joueur, les anciens Romains Lituus et Buccina (Planche XXXVII.) sont des exemples éminemment intéressants. Le cavalier romain portait le Lituus, ainsi appelé à cause de sa ressemblance avec le bâton d'un augure, et le fantassin, le Tuba et la Buccina circulaire. Ils marchaient au son d'instruments dont les sons étaient produits exactement comme ceux de la trompette et du clairon que nous connaissons : à partir de la vibration des lèvres, variant avec la pression et la force du vent dans un embout en forme de coupe. Ces sons, provenant d'harmoniques naturelles, ne sont pas différents aujourd'hui de ce qu'ils étaient lorsque César débarqua pour la première fois en Grande-Bretagne, ni même des premières notes d'un cor jamais produites. Parmi les cuivres modernes dessinés, deux présentent un intérêt historique : le clairon de cavalerie de la planche XXXVI. qui appartient à SAR le Prince de Galles, et qui sonna la charge au clair de lune de la cavalerie de maison à Kassassin en Egypte, et une trompette qui sonna la fameuse charge à Salamanque. À titre de contraste, il y a la trompette d'État en argent (planche XXXV), l'une des dix trompettes qui ont servi pacifiquement à Sa Majesté la reine Victoria pendant son long et gracieux règne.

Le Syrinx, ou tuyaux de Pan, a déjà été mentionné, et peut être décrit comme composé d'un certain nombre de tuyaux de flûte, les sons étant produits en dirigeant le souffle contre le bord tranchant de chaque tuyau. Platon considérait l'usage du Syrinx comme licite dans la vie rurale, mais il condamnait la flûte aux sonorités plus riches. La flûte de berger appartient à la famille des hautbois, dans la mesure où elle se fait entendre au moyen d'une anche, artifice de la plus haute antiquité. Nous ne savons rien de son développement précoce, mais les bergers chaldéens jouaient sur des instruments similaires il y a près de 2000 ans, tout en surveillant leurs troupeaux la nuit, et les paysans napolitains jouent encore, en mémoire de ces bergers, sur des flûtes rustiques similaires, la Zampogna ou Cennamella , pendant neuf jours précédant les grandes fêtes religieuses de la Madone Immaculée et de la Nativité. Ces hautbois primitifs doivent être d'une très grande antiquité. Il est probable que la pipe du berger était au début un roseau plus petit inséré dans un plus grand, ou que le plus grand était fendu pour un vibrateur à anche, comme les garçons les coupaient maintenant. La pipe du berger écossais des basses terres est en corne, le couvercle du roseau étant également en corne. Le principe d'un réservoir d'air pour alimenter les tuyaux, conception primitive de l'orgue, était connu des Romains et la forme originale de la cornemuse était le Tibia Utricularis . Au fil du temps, aucun instrument ne fut plus populaire en Europe que la cornemuse. Des variétés (planches IV et V.), y compris des spécimens de Cornemuse et de Musette, montrent les formes modernes de cet instrument aujourd'hui méprisé. Le principe du bourdon-basse, commun à la cornemuse et à la vielle (Planche XXX.), a dû être universellement accepté en Europe avant que la connaissance du contrepoint ne se généralise. L'échelle particulière des intervalles de la grande cornemuse des Highlands ajoute beaucoup à ce qui est caractéristique des sonorités de l'instrument. Sa divergence d'intonation peut être due à l'incompétence du facteur d'instruments à déterminer les véritables distances de perçage des trous latéraux. Si tel est le cas, nous devons être indulgents avec lui, car même maintenant, avec notre perfection des appareils mécaniques, l'ennui n'est pas hors de question. Mais, bien entendu, l'exactitude est plus près d'être atteinte qu'elle ne l'a jamais été, même au début du siècle actuel. Une autre hypothèse, plus séduisante, pour la gamme de cornemuse des Highlands, tire ses tierces moyennes ou neutres, ni majeures ni mineures, d'une gamme syrienne, encore trouvée à Damas, et attribue sa présence en Europe aux cornemuses ayant été apportées, comme les rebecs, des rebabs et des luths par les croisés de retour, dont l'admiration émerveillée pour l'art sarrasin est bien connue. Il semble peu probable que la musique ne les ait pas également touchés, possédant un charme particulier dû à des siècles de culture persane et arabe. Il existe aujourd'hui de nombreuses preuves de la faveur manifestée en Orient pour ces tiers indéfinis, qui peuvent provenir d'une échelle idéalement égale de sept intervalles de même étendue, comme l'acceptent les Siamois, au lieu de cinq de plus grands et de deux. de plus petit, comme celui que nous obtenons ; ou bien ils peuvent être dus à une altération de l'accordage du luth, attribuée par le philosophe arabe Al Fārābī à un luthiste nommé Zalzal , qui a changé l'une des frettes du luth pour l'obtenir. Il suffit de se référer aux particularités de ces divisions orientales de l'échelle ou à la survie possible de celle de la cornemuse des Highlands ; le chercheur trouvera des informations poussées aux limites de nos connaissances actuelles dans *Recherches sur l'Histoire de la Gamme Arabe* , *par* JPN Land (Leyden, 1884), et *On the Musical Scales of Divers Nations* , par Alexander J. Ellis, un article lu devant la London Society of Arts et publié dans le Journal de cette Société, le 27 mars 1885. Il suffit d'ajouter que, même si la tierce neutre reste un intervalle favori dans certains pays de l'Est, dans la mesure où les recherches ont été possibles, elle est connue dans L'Europe uniquement parmi les montagnes et dans la musique de cornemuse du Gael écossais. Le dernier développement de la flûte et du flûte à anches se trouve dans la flûte, le hautbois, la clarinette et le basson de l'orchestre moderne. Planches <u>XXXVIII.</u> et <u>XXXIX.</u> représentent des instruments qui ont été les précurseurs immédiats ou qui sont identiques aux instruments mentionnés. L'un d'entre eux, le Dolciano ou Tenoroon avec une anche de clarinette, revêt une importance inhabituelle car il anticipe peut-être l'invention du saxophone. Il faudrait un volume pour décrire les transformations subies par les instruments à vent au cours du siècle actuel, en particulier celle de la flûte de feu Theobald Boehm. La clarinette et le hautbois ont été moins modifiés car les instruments complètement remaniés qui étaient destinés à les remplacer, le saxophone et le sarrusophone, n'ont pas conservé ces qualités particulières de couleur sonore requises pour la palette du compositeur d'orchestre. Mais pour les cuivres, il n'y a pas encore de halte. Dotée de clés au début de ce siècle, cette révolution importante fut suivie d'une autre non moins complète : l'introduction du système à valve ou à piston, dont l'avantage, maintenant presque universellement reconnu, a été largement exploité par Wagner et d'autres compositeurs récents. .

L'orgue familier est représenté dans les orgues positifs et portatifs , petits instruments représentant des parties avant réduites de la Montre, les tuyaux parlants visibles de l' orgue d'église médiévale , qui n'était ni plus ni moins qu'un grand mélange registre; c'est-à-dire que chaque touche, une fois enfoncée, faisait sonner l'octave, la douzième, la super-octave et d'autres notes simultanément avec la note fondamentale. Le mouvement du Plain Song, ou de toute mélodie comportant cette structure harmonique, suivait des progressions qu'aucune oreille musicale moderne ne pouvait tolérer. Cependant, pas plus d'une touche du grand orgue d'église ne pouvait être enfoncée avec l'une ou l'autre main, car les touches étaient aussi larges que la paume, et pour en appuyer une, il fallait une attaque avec le poing du joueur. Mais les touches de l'orgue portatif, instrument de procession, étaient étroites

: une main manipulait le soufflet tandis que le musicien touchait les touches de l'autre. Le positif était un orgue de chapelle ou de chambre, destiné à être stationnaire, et également à touches étroites, permettant la prise d'une octave. Le clavier représenté dans le panneau Van Eyck Sainte-Cécile du célèbre retable de Gand, l'Adoration de l'Agneau, possède déjà l'arrangement complet des touches chromatiques, exactement comme celui de nos instruments à clavier modernes. La date de ce panneau ne pouvait pas être postérieure *à* 1426 ap . Mi bémol, n'apparaît pas. Le si bémol, cependant, n'était pas une note chromatique, mais une note essentielle de la gamme ecclésiastique. Un autre exemple ancien d'un tableau de Hans Memling, conservé à l'hôpital Saint-Jean de Bruges, est postérieur au retable de Gand, mais date toujours du XVe siècle. Les tonalités chromatiques sont ici reculées par rapport à nos claviers habituels, comme elles l'étaient également dans l'orgue de Halberstadt du XIVe siècle. L'orgue portatif du XIVe siècle dessiné dans *Notes critiques et bibliographiques sur la musique espagnole ancienne* , par Don Juan F. Riaño (Quartitch , Londres), 1887, p. 127, montre uniquement le si bémol et représente une touche supérieure, apparemment non surélevée, mais au niveau des touches naturelles, ce qui est en accord avec les représentations contemporaines de l'instrument par Fra Angelico. L'orgue portatif (<u>planche XIII.</u>) dessiné ici est d'une date relativement tardive, ces petits instruments étant restés en usage jusqu'après la Réforme. L'organe positif (<u>planche XI.</u>) est d'une date antérieure et est si développé qu'il est doté de registres et de tirettes pour le gouverner ; dans cet exemple, ils sont séparés d'une octave, mais une autorité incontestable, Praetorius, parle d'un registre dans un orgue positif à une quinte de l'orgue fondamental ! Nos ancêtres n'étaient évidemment pas touchés par une progression des quintes comme nous le sommes.

Le Regal (<u>planche XII.</u> , et comme Bible Regal, <u>planche XIII.</u>), faisait également partie de l'ancien orgue de l'église retiré et joué seul. C'est le registre des anches battantes, ainsi appelé parce que l'anche chevauche son cadre et, lorsqu'elle vibre, produit une qualité de son plus ou moins discordante ou stridente. Comme l'anche libre ne touche pas son cadre, sa qualité est moins dure. Mais cette dernière variété de roseau est d'introduction très récente en Europe. Curieusement, il provient d'un orgue à bouche chinois très ancien, le Shêng ! Cet instrument chinois a dix-sept tuyaux sonores, chacun muni d'une petite anche libre de laiton ou de cuivre, et sonne généralement en tirant dans le vent, et non en soufflant, étant suivi à cet égard par l'orgue américain actuel. L'adoption en Europe du principe du Shêng fut due à une application de celui-ci à Saint-Pétersbourg par un facteur d'orgues nommé Kirsnick , vers 1780, et à l'appui enthousiaste de l'abbé Vogler. (*Dictionnaire de la musique et des musiciens* de Sir George Grove , art. "Vogler", par le révérend JH Mee.) De là dérivent nos accordéons et concertinas, nos harmoniums et nos orgues américains, ainsi que divers jouets musicaux. Le Shêng est dessiné dans <u>la planche XLIV</u> . Il est familier au Japon, avec quelques variantes, sous le nom de Sho, et un instrument plus grand, basé sur le même principe, utilisé dans les États laotiens du Siam, s'appelle Phān . Dans presque tous les cas, il est conservé comme instrument soliste. Les musiciens siamois, que SM le Roi de Siam envoya très généreusement à ses frais à l'Exposition des Inventions de Londres, et qui s'y produisaient, dans la salle de musique et au Royal Albert Hall, comptaient parmi eux un joueur de Phān , qui jouait toujours seul. .

Des instruments semblables à une harpe, mais dotés de corps de résonance sous les cordes, apparaissent sous leur forme la plus ancienne, mais encore très développée, dans le Ch'in chinois, ou luth du savant. Le Sono Koto japonais (<u>Planche XLVI.</u>) est dérivé d'une modification du Ch'in, connu en Chine sous le nom de Sê , la différence étant que si le Ch'in a des ponts fixes et un système d'arrêt, le Sê , et par conséquent les Koto, ont des ponts mobiles et pas d'arrêts. Le Koto est accordé selon les cinq notes du système d'octave qui prévaut au Japon et, avec une différence dans la division de l'échelle, en Chine, nommé, par le regretté Carl Engel, pentatonique. Le joueur s'agenouille sur le sol à côté de l'instrument et, reposant ou assis sur ses talons, touche les cordes les plus courtes, divisées par les chevalets, avec des plectres sur le pouce et les deux premiers doigts, mais, en même temps, fait utilisation constante des longueurs les plus longues pour appuyer ou soulager les cordes afin de modifier la tension et de produire des sons intermédiaires. Le Koto dessiné est d'une grande beauté. Les quatre instruments populaires caractéristiques du Japon sont le Koto, le Siamisen , le Biwa et le Kokiu (voir planches <u>XLVI</u> et <u>XLVII.</u>) Le Siamisen est allié au San- hsien chinois et le Biwa au P'i- p chinois. 'a (voir <u>planche XLIV.</u>). Le très curieux Siamois Ta'khay , ou crocodile (<u>Planche XLIII.</u>), est du même genre que le Koto et le Ch'in, mais a été transformé dans sa forme actuelle par l'ingéniosité siamoise, qui a trouvé un riche champ d'emploi dans la décoration des instruments de musique, les Siamois, à cet égard, portent la palme en Orient, comme l'ont fait les Italiens en Occident.

Quant au principe de la harpe ou plutôt du psaltérion incorporé dans ces instruments à cordes parallèles, il diffère des conceptions égyptiennes et assyriennes, qui plaçaient les corps de résonance de leurs harpes dans une disposition courbe, l'un en dessous, l'autre au-dessus des cordes. . Les lyres grecques avaient leur corps sonore directement sous les cordes. L'origine de la lyre grecque est inconnue, le nom n'étant pas hellénique ; il était peut-être asiatique, mais n'était pas égyptien à l'origine. Cela résoudrait un problème intéressant si nous savions ce qu'était le kinnor hébreu, la harpe de la version autorisée , l'instrument à cordes le plus important présent dans le plus riche recueil de poésie sacrée que le monde ait connu, les Psaumes hébreux. Le Dr Stainer, qui a fait une analyse complète du texte, n'est pas allé au-delà des conjectures. Il est seulement certain que le kinnor était un instrument à cordes. Il est rapporté qu'il a été fabriqué par Tubal Caïn, joué par Laban le Syrien et par le berger David. Cela est mentionné dans le Livre de Job, et les Hébreux captifs à Babylone pendaient leurs proches aux arbres. Que ce soit avec ou sans touche, qu'il s'agisse d'une lyre, d'un trigonon ou d'une harpe, ses sons avaient un pouvoir sur les sentiments pour produire des effets similaires à ceux avec lesquels la musique nous touche maintenant, aussi sûrement que la loi physique de la vibration sympathique était aussi actif alors en Syrie, ou au bord des eaux de Babylone, qu'il l'est aujourd'hui à Édimbourg ou à Londres.

Les formes de harpe dessinées dans cet ouvrage (planches II., III. et XXXIV.) diffèrent des harpes anciennes qui n'avaient ni avant-bras ni pilier avant, et ne pouvaient donc supporter que peu de tension. Pourtant, un vieux monument celtique représente un instrument semblable à une harpe avec cette particularité orientale. Les harpes celtiques extrêmement intéressantes dessinées ici, les harpes Queen Mary et Lamont, ont des avant-bras ou des archets d'une force constructive qui, avec le reste de l'ossature, supporterait une traction de fil considérable. Les Celtes et les nations germaniques semblent cultiver la harpe depuis longtemps. Le mot lui-même est allemand, mais les peuples celtes de ces îles lui donnent des noms différents, selon qu'ils sont de la branche gaélique ou cymrique. Le nom gaélique commun était Cruit (Crot), qui vient d'une racine signifiant vibration, mais ce nom a été remplacé par Clarsach, qui est dérivé de la table résonante. Le nom gallois, Telyn, implique une contrainte ou une tension. Il ne faut pas oublier que la harpe galloise à trois cordes est un instrument relativement moderne, tout comme le Welsh Crwth (planche XXIV.), sous la seule forme sous laquelle elle nous est parvenue, comme un instrument à archet avec des cordes supplémentaires. sur la touche, particularité propre au théorbe et à la lyra-viole. L'origine du Crwth semble avoir été la lyre classique soumise aux changements intervenus avec le temps et, comme la Continental Rote ou Rotta, c'était une forme d'instrument très courante au Moyen Âge. Il a dû céder devant les instruments à cordes orientaux, comme le rebec et le luth. La Vína (Planche XL.) est l'instrument à cordes hindou caractéristique et on lui attribue une grande antiquité. On dit théoriquement que la corde est divisée en vingt-deux petits intervalles dans l'octave, d'égale étendue, appelés *s'ruti* , par lesquels les tons et les demi-tons sont déterminés ; mais une observation récente montre que les Hindous se contentent d'une division de douze demi-tons dans l'octave, en fait notre gamme chromatique. Des intervalles plus petits ne sont utilisés que pour les appoggiatures et sont produits en déviant la corde. Les résonateurs en forme de gourde ont été mentionnés comme étant probablement d'un usage très ancien, et l'emploi de cordes sympathiques, en vogue en Europe seulement aux XVIIe et XVIIIe siècles, peut être ajouté comme étant également d'origine lointaine en Inde. Les Hindous et les Perses utilisaient tous deux des courges attachées aux Vínas et aux Sitárs (Planche XL.) pour la résonance. Dans le sud de l'Inde, où prévaut l'utilisation de l'original hindou Vína , bien que la gamme actuellement utilisée soit au moins heptatonique, il existe toujours une tendance vers les formes pentatoniques de la mélodie. Les accords sont en quartes ou quintes et octaves. Le Sitár du nord de l'Inde et une plus grande utilisation de l'intervalle de tierce peuvent être attribués à l'introduction persane ; mais dans toute l'Inde, et plus intensément dans le sud, la musique est ressentie comme un art poétique et connaît un développement à sa manière, qui reste encore méconnu en Europe, bien que nous ayons maintenant des savants dont les recherches et le zèle peuvent être à l'origine de cette ignorance. le temps, au moins partiellement, dissipé. La musique est ressentie avec acuité en Inde comme un moyen d'expression inconnu en Chine ou parmi les races indochinoises.

La question controversée de l'introduction de l'archet dans les instruments à cordes, sur laquelle les autorités les plus éminentes ne sont pas encore disposées à s'entendre, est une question qu'il suffit d'évoquer ici. Qu'il soit d'origine asiatique ou européenne, il semblerait d'abord qu'il n'ait été qu'un des moyens par lesquels les sons pouvaient être extraits des cordes, et qu'il est progressivement devenu victorieux sur le plectre, avec des instruments du genre viole, qui ont ainsi gagné une place importante. grand développement. Il est même désormais permis d'utiliser les doigts d'un instrument à archet dans le *pizzicato* du violon et du violoncelle.

Le Psaltérion était un instrument à plectre dérivé du Qanūn arabe ; il est rarement absent dans les peintures des XIVe et XVe siècles où sont représentés des instruments de musique. Le même instrument, dont les cordes ont été alourdies pour résister à l'impact des marteaux, est le familier dulcimer qui, comme la vielle à roue et la cornemuse, a connu des jours meilleurs. Ce que l'on pensait autrefois du dulcimer est illustré par le tableau qui orne celui dessiné dans la planche XVII . Il semble presque vexatoire que nous ne sachions pas qui a le premier adapté un clavier à un psaltérion et construit ainsi une épinette. Ce n'était pas avant le XVe siècle, mais le nom de l'inventeur méritant ne nous est pas parvenu, ni l'endroit où il a vécu. Il semble très probable, d'après le nom le plus ancien, clavicymbalum , étant latin, que l'instrument ait été conçu pour la première fois dans un monastère. Mais nous en avons heureusement dans la planche VI. , dans une épinette ou Clavicytherium dressée, l'un des premiers spécimens existants du genre. On ne sait pas encore si cet instrument rare est d'origine sud-allemande ou nord-italienne. La raison de l'ancienne attribution est donnée dans la description accompagnant le dessin. Pourtant, le sentiment mantegnesque est si fort dans la décoration intérieure qu'on s'arrête avant d'accepter l'origine souabe comme définitivement établie.

Le Virginal de la reine Elizabeth (<u>planche VIII.</u>), qui a enfin trouvé un lieu de repos dans la splendide collection d'instruments de musique anciens du musée de South Kensington, n'est pas un virginal proprement dit, mais apparemment une épinette italienne. Il a été glorieusement décoré et suscite un intense sentiment d'intérêt en réfléchissant à ceux qui ont pu jouer dessus et qui ont pu se tenir là et entendre les sonorités agréables d'un instrument autrefois si pris en charge. L'épinette commençait alors à prendre le pas sur le luth. Le pouvoir d'exécuter des parties de musique à deux mains, dont le joueur de luth, n'ayant qu'une seule main pour s'arrêter, ne pouvait s'approcher qu'imparfaitement, était une dotation indiscutable. Nous pouvons voir la prospérité contemporaine de la grande république vénitienne dans les luths, théorbes et épinettes qui sont aujourd'hui dispersés dans toute l'Europe ; et presque en même temps des instruments tels que le Ruckers Virginal (<u>planche XVIII.</u>) et l' épinette double Ruckers (<u>planche XX.</u>) témoignent pour Anvers de la faveur que le commerce fructueux a toujours montré aux arts. Les grands facteurs d'épinettes anglais appartiennent à la seconde moitié du XVIIe siècle et au premier quart du XVIIIe. Parmi eux, Stephen Keene occupait le premier rang, et son œuvre mérite encore d'être examinée dans l'épinette dessinée dans <u>la planche XXII</u> . Le XVIIIe siècle a été marqué par un grand progrès dans la fabrication du clavicorde expressif, qui, bien que peut-être le plus ancien instrument à cordes à clavier, avait toujours dû céder la place devant l'épinette, plus bruyante et plus gracieuse. <u>Planche XXXII.</u> présente le clavicorde à son point culminant, et la décoration chinoise en Lac montre que, dans cet exemplaire au moins, son charme intime de son, capable, comme aucun autre instrument à clavier, du *vibrato* , a été jugé digne d'une mise en scène élaborée.

Les dernières améliorations dont le genre Spinet était capable, y compris le Houle vénitien, sont fondées sur le Double Clavecin (<u>Planche XXXIII.</u>) réalisé par Burkat Shudi (Burkhard Tschudi) et John Broadwood en 1773, pour l'impératrice Marie-Thérèse. La question se pose de savoir si certains instruments de musique présentant un caractère particulier ne devraient pas être conservés pour être utilisés ou être refaits lorsque ce caractère ne peut être exprimé par aucun instrument existant. Si cela était fait, la Viola d'Amore , la Viola da Gamba , le Clavecin, le Clavicorde et la vieille flûte allemande, en dernier ressort avec quelque concession à l'intonation défectueuse, trouveraient leur place et seraient parfois entendus avec plaisir.

En ce qui concerne la sélection et le dessin des sujets représentés dans les planches suivantes, il peut être mentionné que le présent auteur a eu l'avantage important de pouvoir utiliser gratuitement la remarquable collection de prêt d'instruments de musique exposée au Royal Albert Hall, Kensington, en 1885. Des facilités extraordinaires pour dessiner le sujet sélectionné ont été obtenues grâce à sa relation officielle avec la Division

Musique de l'Exposition et grâce à la gracieuse autorisation des propriétaires respectifs des instruments, dont SM la Reine, SAR le Prince de Galles, SAR le Siamois. Ministre et la Commission japonaise. Il a également utilisé quelques croquis d'instruments sélectionnés et dessinés par M. Robert Glen d'Edimbourg, à qui appartient le mérite d'être à l'origine de l'idée de cette publication.

La représentation picturale des sujets a été entreprise par M. William Gibb, et les planches de ce volume ont été reproduites avec succès à partir de ses admirables dessins. Le livre tire en outre d'une valeur particulière et inattendue du fait qu'aucun catalogue raisonné illustré n'a été compilé de la collection d'emprunts musicaux de 1885, qui rassemblait les plus beaux et les plus précieux manuscrits, livres, peintures, etc., ainsi que des instruments de musique. , qui ont jamais été réunis. Il n'y avait pas de fonds disponibles ni de temps pour permettre qu'un tel travail soit effectué avant que la collection ne soit dispersée. Pour ceux qui déplorent la perte de cette opportunité, les illustrations de cet ouvrage peuvent être considérées comme un précieux souvenir de cette collection sans égal.

AJH

BOUTIQUE JUIVE.

The linked image cannot be displayed. The file may have been moved, renamed, or deleted. Verify that the link points to the correct file and location.

PLAQUE I.

CORNES DE BURGMOTE.

BELLES cornes en bronze martelé et repoussé appartenant aux Corporations de Cantorbéry et de Douvres. Celui de droite vient de Douvres, où il servait autrefois à la convocation de la Corporation sur ordre du maire. Les procès-verbaux des débats municipaux étaient constamment intitulés « Au son du cor commun » (comyne Horne Blowying). Cette pratique perdura jusqu'en 1670, et n'est pas encore entièrement supprimée, puisqu'on sonne encore à l'occasion de certaines cérémonies municipales. La devise sur cette corne est :—

JOHANNES DE · ALLEMAINE · MOI · FECIT ·

précédé des lettres talismaniques A·G·L·A, qui représentent l'hébreu

אַתְּ ה־ג־בּוֹר לְעוֹלָם אֲדֹנָי

et signifie : « Tu es puissant pour toujours , ô Seigneur ! La corne, qui mesure 31¾ pouces de long, avec une circonférence à l'extrémité la plus grande de 15½ pouces, est en laiton et est profondément ciselée d'un rouleau de feuillage en spirale principalement sur un fond hachuré. L'inscription se trouve sur une bande qui commence à quatre pouces de la bouche et continue en spirale. Le nom du fabricant est aujourd'hui presque effacé, mais l'inscription montre qu'il était allemand et la date est attribuée au XIIIe siècle. Un article paru dans l' *Antiquary* (vol. 1, pp. 253-55), écrit par feu Llewellyn Jewitt, FSA, dont un certain usage a été fait ici, déclare qu'il y a sur l'avers du plus ancien sceau de Douvres, dit avoir été fabriqué en 1305, deux sonneurs de cor à l'arrière d'un navire, chacun soufflant un cor semblable à cet exemple.

Burgmote Horn de gauche appartient à la Corporation de Canterbury, et les enregistrements de son utilisation pour convoquer des réunions de la Corporation existent de 1376 à 1835. La mesure de la corde de l'arc de ce Horn est de 36 pouces.

L'ancienneté des cors, qu'ils soient naturels ou en métal, comme instruments de sonorisation est bien connue. Leur emploi dans certains services religieux témoigne de coutumes déjà anciennes au moment de l'élévation des monuments historiques les plus anciens que nous possédons. Le formulaire hébreu sur la corne de Douvres nous rappelle le Shophar juif, mentionné particulièrement dans l' introduction (page xii) - une corne de bélier, généralement redressée et aplatie, qui n'est pas seulement l'ancien instrument de musique solitaire réellement conservé dans le rituel mosaïque, mais c'est le plus ancien instrument à vent connu pour être conservé en usage actuel dans le monde. Les Juifs le récitent encore au Nouvel An et lors du jeûne du Jour des Expiations.

En Angleterre, les cornes ont été utilisées parmi les différentes méthodes de transfert d'héritage. Ils ont été adoptés comme instruments de transport soit par Frank Almoigne , soit par Fee, soit par Serjeantry , et c'est pour cette raison qu'ils ont souvent été préservés.

The linked image cannot be displayed. The file may have been moved, renamed, or deleted. Verify that the link points to the correct file and location.

PLAQUE II.

HARPE DE LA REINE MARIE.

CE vénérable instrument, la harpe gaélique la moins altérée qui existe, est connu sous le nom de Queen Mary's Harp et appartient à C. Durrant Steuart, Esq., de Dalguise , près de Dunkeld. Parmi les harpes gaéliques, nous ne pouvons en compter que sept qui peuvent être datées d'avant le XVIIIe siècle, la plus ancienne étant les harpes Queen Mary et Lamont, aujourd'hui à Édimbourg, et la harpe nommée d'après Brian Boru (Boromha), conservée au Trinity College de Dublin ; ces trois datant d'avant, peut-être bien avant, le quinzième siècle. Les harpes Queen Mary et Brian Boru sont les deux qui se ressemblent le plus. Ils sont petits, la Queen Mary Harp ne mesurant que 31 pouces de haut et 18 pouces d'arrière en avant. Ils étaient joués en s'appuyant sur le genou gauche et contre l'épaule gauche de l'interprète, dont la main gauche touchait les cordes supérieures. Le peigne mesure de 2½ à 3¼ pouces de hauteur. Il est inséré obliquement dans le coffre sain et fait saillie d'environ 14 pouces. Le coffre sonore, en forme de triangle tronqué creusé dans le solide, mesure 5 pouces de largeur en haut et 12 en bas, la profondeur étant de 4½ pouces. L'arc ou l'avant-bras mesure en ligne droite 27½ pouces, la corde de l'arc de la courbe intérieure étant de 23 pouces. L'avant de celui-ci est élargi de manière à former une prise pratique pour la main ; il se rétrécit légèrement au-dessus et au-dessous et se termine dans les deux sens par des têtes d'animaux audacieusement sculptées et à caractère symbolique. Les cordes étaient en laiton et au nombre de vingt-neuf, et étaient actionnées par les ongles du joueur, qu'on laissait pousser longtemps à cet effet. La Queen Mary Harp a eu une autre corde (la plus basse) attachée plus tard. Cette corde mesurait 24 pouces, la corde aiguë la plus haute 2½ pouces ; Il est désormais impossible de déterminer quelle étendue avait la harpe, mais, suivant la tradition des harpistes irlandais, l'accord était basé sur l'ancienne gamme diatonique avec la septième mineure, parfois remplacée par la septième majeure. Les conférences du regretté Dr Eugene O'Curry nous apprennent que les anciens Irlandais avaient trois modes de musique : le « pleurer », le « rire » et le « dormir ». Quels que soient ces accords, et probablement le Highland Scotch avait les mêmes, leur secret est enfermé dans le bois des harpes qui y répondaient autrefois. Dans cet exemple et dans de fréquents exemples de ces planches, les instruments ne sont pas représentés comme étant cordés. Il est impossible de garder continuellement sur soi de vieux instruments avec cette tension, et les enfiler uniquement pour les faire tirer aurait présenté de nombreux inconvénients.

La Queen Mary Harp a une histoire basée sur la tradition familiale de ses anciens propriétaires, les Robertson de Lude dans le Perthshire, mais en passant par plusieurs médiums, elle est devenue peu fiable. On a longtemps cru qu'il appartenait à Marie Stuart et, selon la tradition du Lude, il portait des ornements en or et en pierreries attachés au cercle supérieur droit de l'arc, notamment son portrait et les armes royales d'Écosse, qui ont été volées vers 1745. L'enquête historique contenant des informations concernant cette harpe est réalisée par John Gunn, FSAE, et a été publiée en 1807, sous les auspices de la Highland Society. Un article lu devant la Society of Antiquaries of Scotland par M. Charles D. Bell, FSA Scot. , et publié dans leurs *Proceedings* for 1880-81, dont j'ai fait des extraits, passe au crible les faits qui peuvent en être déduits, et qui peuvent être ainsi acceptés : — La reine Marie de Lorraine, la mère de Marie, reine d'Écosse, a donné cette harpe à Beatrix Gardyn de Banchory, Aberdeenshire. Beatrix Gardyn était mariée à Finla Mór, et de ce mariage descend la famille de Farquharson d'Invercauld, à Braemar. Finla Mór fut tuée à la bataille de Pinkie en 1547 après JC. John Robertson, le onzième successeur de Lude, épousa Margaret Farquharson, la fille unique du laird d'Invercauld de l'époque. Il fut en possession du Lude pendant cinquante-six ans et mourut en 1730 après JC . Le dernier interprète de cette harpe ancienne était son arrière-petit-fils, le général Robertson, qui prêta les deux harpes Lude pour examen par la Highland Society en 1805. Il semble Le général Robertson pensait que cette harpe avait été acquise pour Lude par le mariage de John, le onzième Laird, avec un descendant direct de Beatrix Gardyn, mais, d'après la généalogie de la famille par Burke, il semblerait qu'elle soit venue à Lude avec Beatrix. Gardyn elle-même, à propos de son mariage avec John, septième Laird. Les Robertson de Lude sont maintenant, en ligne directe, éteints, mais la famille de Gardyn est représentée par Francis Garden-Campbell, Esq., de Troup et Glenlyon .

Les Queen Mary's et les Lamont Harps sont prêtées (1887) au Museum of the Scottish Society of Antiquaries, à Édimbourg, et on peut mentionner que lorsqu'elles étaient exposées dans la Music Loan Collection, South Kensington, la première était assurée pour 1 500 £ et la ce dernier pour 1000 £.

The linked image cannot be displayed. The file may have been moved, renamed, or deleted. Verify that the link points to the correct file and location.

PLAQUE III.

LA HARPE LAMONT.

LA Highland Harp, connue sous le nom de Clarsach Lumanach , ou Lamont Harp, appartient au propriétaire de la Queen Mary Harp, C. Durrant Steuart, Esq., de Dalguise , Perthshire. Les deux harpes furent envoyées à Édimbourg en 1805 par le général Robertson de Lude, qui les possédait à l'époque, à la demande de la Highland Society, et un livre fut publié en 1807 sous le patronage de la Société, intitulé *An Historical Inquiry respecting the Performance. sur la harpe dans les Highlands d'Écosse depuis les premiers temps jusqu'à ce qu'elle soit interrompue vers 1734* , par John Gunn, FASE, dans laquelle ils ont été décrits, et une version de la tradition familiale de Lude est donnée, compilée à partir de lettres écrites par le général Robertson, malheureusement pas disponible. Bien que l'histoire de M. Gunn sur la harpe Queen Mary soit colorée afin d'en attacher le don à Mary, reine d'Écosse, celle de la harpe Lamont semble être conforme à la simple déclaration du narrateur original et peut ainsi être résumée de un article publié dans les *Actes de la Society of Antiquaries of Scotland* , 1880-81, par M. CD Bell, FSA Scot. : "La tradition familiale de Lude allègue que depuis plusieurs siècles, la plus grande de ces harpes était connue sous le nom de Clarsach Lumanach ou Lamont Harp, et qu'elle a été amenée d'Argyllshire par une fille de la famille Lamont lors de son mariage avec Robertson de Lude. en 1464. On dit qu'il est le plus ancien des deux, si l'on considère l'endroit probablement calme de la maison de Lude et qu'il était susceptible d'y être apprécié et entretenu, aussi que les réparations semblent être très anciennes. À cette date, le Clarsach Lumanach était peut-être déjà, avant 1464, un vieil instrument cassé et réparé avec une histoire pré-traditionnelle que nous ne pourrons jamais espérer entendre. De Burke's *Landed Gentry* , "Lineage of the Robertson of Lude", nous apprenons que Charles, cinquième Laird de Lude, épousa Lilias, fille de Sir John Lamont de Lamont, chef de ce clan, et que "c'était avec cette dame, Lilias Lamont, est arrivée une de ces vieilles harpes très curieuses qui sont dans la famille depuis plusieurs siècles.

Le dessin montre la harpe telle qu'elle est, et peut-être l'a-t-elle été depuis des siècles, mais M. M'Intyre North, dans son *Book of the Club of True Highlanders* , Londres, 1880, propose, en le remplaçant par un arc ou un avant-bras plus long, d'amener cette harpe dans la lignée de la Queen Mary Harp et de celle de Brian Boru. Il suffit ici d'observer que l'archet actuel correspond en termes de mesure à celui des harpes Queen Mary et Brian Boru, et qu'il est certainement très ancien. Son originalité est contrecarrée par le fait que la harpe Lamont semble avoir toujours eu trente-deux cordes et que pour les trois cordes aigues supplémentaires, un archet plus long aurait dû être nécessaire.

La longueur extrême de la harpe Lamont est de 38 pouces et la largeur extrême de 18½ pouces. Le coffre de résonance, comme celui d'autres harpes anciennes, est creusé dans une seule pièce de bois, mais le dos de cet instrument a été renouvelé, bien que probablement il y a longtemps. Le coffre sonore mesure 30 pouces de long, 4 pouces de largeur en haut et 17 en bas. Le peigne projette 15½ pouces. Les parties cassées de l'arc sont maintenues ensemble par des pinces en fer.

Quant à l'effet musical d'une harpe gaélique ou irlandaise lorsqu'elle est bien jouée, l'impression d'une telle performance enregistrée par Evelyn dans son Journal mérite d'être citée. Il dit : "Je suis venu me voir ma vieille connaissance et le joueur de harpe irlandaise le plus incomparable, M. Clarke, après ses voyages . C'était un excellent musicien , un gentleman discret , né dans le Devonshire (si je me souviens bien). Une telle musique avant ou depuis, je n'ai jamais entendu cet instrument étant négligé à cause de sa difficulté extraordinaire ; mais à mon avis il est de loin supérieur au luth lui-même , ou à tout ce qui parle avec des cordes. Ailleurs, il parle d'un M. Clark (probablement le même interprète) comme étant originaire de Northumberland, et dit de l'instrument : « Dommage qu'il ne soit pas plus utilisé ; mais en effet, bien jouer occupe l'homme tout entier, comme le dit M. " Clark m'a assuré , qui, bien que " un homme de qualité et de pièces détachées, a pourtant été élevé à cet instrument dès l'âge de 5 ans , si je me souviens bien, il me l'a dit. "

PLAQUE IV.

CORNEMUSE, CORNEMUSE CALABRIENNE
, MUSETTE.

La cornemuse (Cormuse et Musette) et la vielle (Vielle) furent, après le XIIIe siècle, bannies des classes inférieures, des aveugles et des mendiants errants. Mais la société polie en France a repris ces instruments dans l'Arcadie moderne de Louis XIV. et XV. — pas la Cornemuse , il est vrai, car elle est toujours restée un instrument rustique, comme on peut le constater dans les pages lumineuses des *Maîtres Sonneurs* de George Sand . La Cornemuse , telle qu'utilisée autrefois en France et aux Pays-Bas, est dérivée du *tibia utriculaire romain* et est munie d'un sac gonflé par la bouche du joueur, tandis qu'une anche double est attachée au tuyau mélodique ou au chalumeau. Depuis peu, il est muni de deux bourdons, le grand et le petit bourdon, qui sonnent aussi par des anches et à une octave d'écart. La Musette, qui a pratiquement supplanté la Cornemuse en usage, est un instrument plus doux, plus doux, avec une anche double à un tuyau cylindrique très étroit, dont l'effet est de la faire sonner comme un tuyau bouché, une octave plus bas. Cela explique la courte apparition de l'instrument. Les drones, comme on le verra, sont sur un principe plus artificiel que ceux de la Cornemuse . Une autre différence est que le sac est toujours gonflé par une petite paire de soufflet actionnée par le bras gauche du joueur. Les cornemuses de Northumbrie et d'Irlande moderne sont également gonflées au moyen de soufflets et ont remplacé dans le nord de l'Angleterre et de l'Irlande la grande cornemuse gonflée avec la bouche qui est maintenant considérée comme distinctement écossaise des Highlands. La Musette du dessin est en ébène et en ivoire avec des clés en argent et possède un sac orné de travaux d'aiguille. Les petits soufflets sont en noyer marqueté de marqueterie . Le tuyau mélodique (le grand chalumeau) est percé de huit trous pour les doigts et équipé de sept touches pour les notes chromatiques. A gauche du tuyau mélodique ou du chanter se trouve un petit tuyau en forme de flacon muni de six clés (le petit chalumeau) contenant la boussole supplémentaire vers le haut. Il y a quatre drones disposés dans un canon percé de treize alésages juxtaposés, de 5 à 35 pouces de longueur. Le canon est muni de cinq butées coulissant dans des rainures et réglant la longueur des ouvertures pour le réglage des drones. Les musettes de Bach, alternatives à ses gavottes, impliquent toujours une basse bourdonnante.

On observera que la Cornemuse dessinée ici a un chanteur et un bourdon fixés parallèlement dans une seule crosse. Le premier a huit trous pour les doigts et, comme celui de la cornemuse écossaise, a un trou d'aération sans doigts. Le sac recouvert de peluche cramoisie est muni d'un embout court près du cou pour le gonflage.

La cornemuse calabraise ou Zampogna est un instrument grossièrement sculpté du XVIIIe siècle. Il comporte quatre bourdons attachés à une crosse, suspendus vers le bas depuis l'extrémité du sac : deux d'entre eux sont munis de trous pour les doigts. Les anches sont doubles comme celles du hautbois et du basson. Le sac est grand ; il est gonflé par la bouche et plaqué par le bras gauche contre la poitrine de l'interprète. Le Zampogna est principalement utilisé comme accompagnement d'un petit tuyau mélodique à anche appelé du même nom et joué par un autre interprète. La qualité du son produit n'est pas déplaisante. Il n'a que cinq trous, et par conséquent la septième de la gamme est absente, mais cela peut être facilement obtenu en octavant la note ouverte du tuyau et en couvrant une partie de l'ouverture inférieure du chanteur avec le petit doigt.

La Musette, la Zampogna et la Cornemuse présentées ici proviennent de spécimens appartenant à MM. J. & R. Glen, Édimbourg.

The linked image cannot be displayed. The file may have been moved, renamed, or deleted. Verify that the link points to the correct file and location.

- 26 -

PLAQUE V.

CORNEMUSES.

Dans la continuité des Cornemuses, cette planche montre, dans l'instrument au sac cramoisi, la cornemuse de Northumbrie moderne. Les quatre drones, issus d'une même souche, sont montés en laiton et en ivoire. Le chanter, ou pipe mélodique, a sept trous pour les doigts devant et un derrière ; aussi, sept clés en laiton. Comme il n'y a qu'un seul trou ouvert à la fois lorsque l'instrument est joué, cette manière de jouer est appelée doigté rapproché. Le chantre et les bourdons sont munis de jeux aux extrémités. L'instrument avec un sac bleu est l'ancienne cornemuse de Northumbrie. Il comporte trois drones, montés d'argent et d'ivoire, de tailles différentes ; le plus long étant accordé une octave et celui du milieu une quarte plus bas que le plus court. Le chantre est en ivoire, avec sept trous devant et un derrière. La grande cornemuse avec un sac vert est le Lowland Scotch. Il est en buis, avec trois faux-bourdons placés en une seule crosse. Les deux bourdons les plus courts sonnent à l'unisson, le long une octave plus bas, comme dans la cornemuse des Highlands. Ils sont montés en corne sculptée. Le chanter a sept trous pour les doigts et un trou d'aération, également le même que celui de la cornemuse des Highlands, avec lequel le Lowland s'accorde en termes de doigté et d'autres détails, sauf qu'il est gonflé par un soufflet attaché au sac par une courte sarbacane. , une particularité qu'elle a en commun avec les autres cornemuses de cette planche. Les soufflets de la cornemuse de Northumbrian moderne sont également dessinés.

La Cornemuse est, comme l'a justement dit M. Henri Lavoix dans sa *Musique au Siècle de Saint Louis* , l'orgue réduit à sa plus simple expression. Il est très ancien et était généralement populaire en Europe au Moyen Âge. Elle était aussi connue en Angleterre qu'en Ecosse, en France qu'en Italie et en Allemagne. Shakespeare distingue Falstaff dans la première partie d'Henri IV. être aussi mélancolique qu'un luth d'amoureux ou le bourdonnement d'une cornemuse du Lincolnshire. Si l'on peut en juger par l'ampleur particulière de la cornemuse écossaise, il semblerait presque certain que l'instrument, dans ses formes modernes, est venu de l'Est et a très probablement été apporté par les croisés. Cela ne s'appliquerait bien sûr pas à l'ancien principe d'un tuyau et d'un réservoir d'air, qui remonte aux Romains, mais à l'alésage des trous pour les doigts du chanteur, le tuyau à anche par lequel la mélodie est jouée. Par leur position et leur taille , les intervalles sont tellement réglés que les tierces ne sont ni majeures ni mineures, mais donnent un intervalle neutre ou moyen qui n'est ni l'un ni l'autre. Cette tierce moyenne, d'un ton et trois quarts, n'a pas été observée ailleurs en Europe, mais en Orient, en Syrie et en Egypte, et dans d'autres régions, elle est courante et donne un caractère particulier à la musique. ne pas être expliqué, mais ressenti. Une origine historique de la tierce moyenne se trouve dans l'article de M. AJ Ellis "On the Musical Scales of Divers Nations" (p. 498), publié dans le *Journal of the Society of Arts* , Londres, mars 1885. qui ont des clés sont, bien sûr, différents.

Quant à l'ancienneté des cornemuses existantes, MM. Glen d'Édimbourg en possèdent une, sculptée des initiales R. M c .D ., et la cuisine des Hébrides, qui porte la date de 1409. Mais celle-ci n'est pas considérée comme la plus ancienne cornemuse existante. , car la pipe M'Intyre , appartenant à N. Robertson M'Donald , Esq., de Kinlochmoidart , est réputée avoir été jouée à Bannockburn. Possédant un seul bourdon, il présente la particularité de comporter deux évents, au lieu d'un, de chaque côté du chanter pour accueillir un joueur droitier ou gaucher ; dans les deux cas, un trou est temporairement arrêté. La pipe de MM. Glen comporte deux drones placés dans une seule crosse. Le nom M'Intyre , par lequel se distingue la pipe de M. Robertson M'Donald , est dérivé des cornemuseurs héréditaires des chefs de Menzies et de Clanranald . Ces deux cornemuses anciennes figurent dans *le livre du Club of True Highlanders de M*. M'Intyre North . Les cornemuses tirées ici proviennent de spécimens appartenant à MM. J. & R. Glen, Édimbourg.

The linked image cannot be displayed. The file may have been moved, renamed, or deleted. Verify that the link points to the correct file and location.

PLAQUE VI.

CLAVICYTHERIUM OU
ÉPINETTE DROITE.

CET instrument à clavier singulièrement intéressant et rare, aujourd'hui propriété de M. Donaldson, appartenait à la collection du comte Correr de Venise. Il n'y a aucun nom de fabricant ni aucune date sur l'instrument, qui est du genre nommé Clavicytherium par le premier écrivain sur les instruments de musique, Virdung (*Musica getutscht und auszgezogen* , Bâle, 1511), qui en donne un dessin. Il s'agit en fait d'une épinette, dressée. La décoration interne, aussi ancienne que l'instrument lui-même, peut être du nord de l'Italie ou du sud de l'Allemagne, les autorités diffèrent, mais un morceau de papier collé sur une fente à l'intérieur du dos en bois, peut-être par le facteur, s'avère être un fragment de un bail ou un contrat contracté à Ulm, qui est en faveur de l'origine souabe. L'instrument ne peut guère être postérieur aux premières années du XVIe siècle et est probablement le plus ancien instrument à cordes à épinette ou à clavier existant. La date la plus ancienne que l'on puisse donner pour l'introduction de l'épinette doit se situer dans la seconde moitié du XVe siècle.

Le clavier est d'une étendue étroite - trois octaves et une tierce mineure - depuis le deuxième mi en dessous jusqu'au deuxième sol au-dessus, do médian, cette note étant la ligne de do entre les clés de basse et de sol - une étendue d'environ boussole de la voix humaine, qui a longtemps dominé celle des instruments à clavier. À l'époque de Virdung, leur boussole s'étendait. Il est cependant plus que probable que la touche de mi la plus grave ait été ici accordée au do encore plus grave, selon l'arrangement dit "à octave courte", qui modifiait les mi les plus graves, les fa ♯ et les sol ♯ , pour faire quartes en dessous de F, G et A, au lieu de demi-tons, et obtenez ainsi des basses dominantes profondes pour les cadences. L'examen des plectres ou « jacks » de cet instrument montre qu'ils étaient munis de petites languettes de fil de fer, et non de plumes ou de cuir, comme dans les instruments à épinette ultérieurs. Il est dans une caisse en pin peint, l'intérieur étant également peint. Un élément inhabituel de l'intérieur est le calvaire situé au-dessous de l'étroite table d'harmonie, dans laquelle les ouïes, à en juger par l'ornement qui en reste, ont été des fenêtres flamboyantes. Il doit également y avoir eu des figures à l'origine, peut-être la Transfiguration ou la Crucifixion, mais il n'en reste aucune trace. Le traitement du paysage,

sans autre témoignage, détermine presque l'époque à laquelle l'instrument a
été fabriqué.

Le socle et les peintures de la porte, dont l'une représente un personnage
tenant un miroir et un serpent, sont postérieures.

Les dimensions de cette épinette vraiment remarquable sont : hauteur de
l'instrument, 4 pieds 10½ pouces, et largeur extrême, 2 pieds 3 pouces, le
clavier mesurant 2 pieds de largeur. La profondeur du boîtier à la base, 11
pouces, diminue en montant jusqu'à 5 5/8 pouces . La table sur laquelle il
repose mesure 2 pieds de haut et 2 pieds 11 pouces de large.

PLAQUE VII.

OLIPHANT.

Un cor de chasse en ivoire appartenant au comte Spencer, appelé Oliphant parce qu'il est en ivoire, et portant dans l'ornement les armes et insignes de Ferdinand et d'Isabelle du Portugal, peut être considéré comme appartenant à la première moitié du XVIe siècle, la sangle et la boucle étant évidemment un ajout de date ultérieure. La belle sculpture, si remarquable dans cette corne, est censée avoir été exécutée par des nègres de la côte occidentale de l'Afrique, qui sculptaient l'ivoire pour les Portugais ; les armes du Portugal, avec pour supports, deux anges, tenant l'écu à l'envers, apparaissant souvent sur leur œuvre.

Philippe II. d'Espagne épousa Mary, fille du roi du Portugal, en 1543. Elle mourut en 1545. La sculpture de la corne fut probablement achevée dans cet intervalle, et lorsque Philippe vint en Angleterre pour épouser Mary Tudor, il aurait pu apporter la corne avec lui.

Outre les utilisations mentionnées sous Burgmote Horns (<u>Planche I.</u>), des klaxons étaient sonnés pour donner l'alarme en cas de danger, pour annoncer l'arrivée de visiteurs de distinction, et, comme nous l'informe M. M'Intyre North à propos du klaxon du château de Drummond, pour convoquer la maison et les invités à dîner. Mais les cornes ne se limitaient pas au remontage, il existait aussi des cornes à boire et à poudre, souvent joliment ornées.

La longueur extrême de ce cor, mesurant le long de l'extérieur de la courbe et incluant l'embout buccal, est de 28¼ pouces. La plus grande circonférence est de 11½ et la plus petite de 2¾ pouces.

The linked image cannot be displayed. The file may have been moved, renamed, or deleted. Verify that the link points to the correct file and location.

PLAQUE VIII.

La vierge de la reine Elisabeth.

CETTE belle épinette est, dans le dessin, placée sur un support qui lui servait de support dans la salle historique Tudor appartenant à la collection de prêts musicaux de 1885. Je crois que cet instrument est italien, et non flamand ou anglais, et les épinettes italiennes avaient pas de supports ni de pieds, mais lorsque cela était nécessaire, ils étaient retirés d'un boîtier extérieur, comme celui-ci, et placés sur une table, ou dans une autre position pratique. Ils étaient même emmenés dans des gondoles, comme le rapporte Evelyn, pour le plaisir et l'exécution de sérénades.

Nous pouvons supposer que 1570 est approximativement la date de cet instrument. La décoration verte et dorée, y compris une bordure dorée de deux pouces et demi de large autour de l'intérieur du sommet, est plus récente, peut-être de près de cent ans. Un numéro indistinct au dos du boîtier, à l'intérieur, semble être 1660. Les armes royales d'Elizabeth sont blasonnées à une extrémité à gauche du clavier ; à droite, on voit une colombe se lever couronnée. La colombe tient dans sa patte droite un sceptre ; en dessous se trouve un chêne. Cette décoration, qu'elle soit originale en 1660 ou copie d'une ancienne, conforte largement l'affirmation selon laquelle cet épinette aurait appartenu à la reine Elizabeth. Son goût musical, hérité d'Elizabeth d'York, et son talent d'interprète de l'épinette n'ont besoin que d'une référence passagère.

Je caractérise l'instrument comme une épinette car un vrai virginal est un parallélogramme et non un instrument en forme de trapèze. L'attribution de virginal n'est cependant pas incorrecte en tant que terme générique ; car tous les instruments à cordes à clavier avec jacks étaient connus en Angleterre comme virginaux depuis l'époque Tudor jusqu'à celle du Commonwealth.

Il y a dans cet instrument cinquante vérins piquants (plectres). Les touches naturelles, au nombre de trente, sont en ébène avec des façades à arcades dorées, et le compas est de quatre octaves et apparemment un demi-ton, de Si à C. Mais la tonalité naturelle la plus grave était accordée en Sol lorsque l'instrument était en usage. Les touches demi-tons, au nombre de vingt, commencent apparemment par C ♯ , mais celles-ci ont été accordées A pour continuer l'arrangement « à octave courte ». Ils sont très élaborés, incrustés d'argent, d'ivoire et de différents bois, chacun consistant, dit-on, en environ deux cent cinquante pièces. La peinture du boîtier de l'instrument est réalisée sur de l'or carmin et outremer, les ornements métalliques étant minutieusement gravés. Le boîtier extérieur est en cèdre, recouvert de velours de Gênes cramoisi et doublé à l'intérieur de soie tabby jaune. Il y a trois serrures dorées, finement gravées. L'ensemble du boîtier mesure cinq pieds de long, seize pouces de large et sept pouces de profondeur. Le Virginal de la reine Elizabeth a été acheté, lors de la vente de Lord Spencer Chichester à Fisherwick en 1803, par M. Jonas Child, peintre à Dudley. Le révérend JM Gresley l'a acquis en 1840. Il a depuis (1887) été obtenu du révérend Nigel Gresley, pour le South Kensington Museum.

PLAQUE IX.

LE LUTH DE LA REINE ELIZABETH.

Les instruments à cordes à touche, touchés avec les doigts ou avec un plectre, peuvent être divisés, comme indiqué dans l' introduction , en deux types principaux : le luth et la guitare, le premier à dos arrondi, le second à dos plat. . Les deux sont originaires de l'Est. Selon cette division, le bel instrument appelé Queen Elizabeth's Lute doit renoncer au nom de luth et être considéré comme une guitare. En tant qu'instrument à cordes métalliques, il appartient à cette espèce de guitare connue sous le nom de Cither, et à cause des incurvations des côtes, mais comme le chevalet n'est pas placé obliquement, je serais disposé à spécialiser l'instrument comme Pandore ou Penorcon . Praetorius considérait le Pandore et ses variétés, l' Orpheoreon et le Penorcon , comme une invention anglaise. Cet instrument, propriété de Lord Tollemache, a été fabriqué à Londres par John Rose, comme en témoigne l'étiquette :

Johannes Rosa, Londini fecit ,
à Bridwell, le 27 juillet 1580.

Il est infiniment plus gracieux que n'importe quel Pandore , et est peut-être mieux décrit par la désignation du fabricant, « Cymbalum Decachordum », gravée sur les côtes. Il avait, comme son nom l'indique, dix cordes en fil de fer, accordées en cinq paires d'unissons et jouées avec un plectre.

La sculpture est d'une beauté incomparable et peut être comparée au travail italien contemporain. Le bijou Le centre de la rose dans la rosace est si beau qu'un dessin agrandi en a été fait pour le mettre en valeur. La coque à l'arrière est un élément caractéristique qui mérite qu'on s'y attarde.

La longueur extrême de cet instrument est de 2 pieds 11 pouces. La longueur du corps est de 1 pied 4 pouces. La largeur extrême, sous la rose et près du porte-ficelle, est de 12 pouces. La largeur, mesurant au centre de la rose, est de 10 pouces. La profondeur des nervures varie de 1½ à 3 pouces, la plus grande profondeur étant près de la touche.

Les traditions qui s'attachent à des instruments de ce caractère nécessitent d'être soigneusement testées. La harpe de la reine Mary, par exemple, n'aurait pas pu être un cadeau de Marie Stuart d'Écosse à Beatrix Gardyn, même si son portrait et ses armoiries l'auraient, à un moment donné, orné. L'attribution à la reine Elizabeth également d'une épinette ou d'un virginal repose entièrement sur les preuves qui peuvent être recueillies à partir de l'instrument lui-même. Ce soi-disant luth a sans aucun doute le soutien d'une tradition familiale, et l'histoire est ainsi racontée dans Burke's *Peerage* (« Lineage of the Dysart Family », 1884) : « Sir Lionel Tollemache, de Helmingham , grand shérif de Norfolk et de Suffolk. en 1567. En 1561, la reine Elizabeth a honoré Helmingham avec sa présence, et y resta du 14 au 18 août inclus, étant reçue de la manière la plus hospitalière et somptueuse. Au cours de la visite de Sa Majesté, elle a parrainé le fils de Sir Lionel et a présenté à la mère de l'enfant son luth, qui est encore conservé à Helmingham Hall, dans le comté de Suffolk, siège de Lord Tollemache de Helmingham . " Malheureusement, les dates ne correspondent pas. John Rose's Le luth, fabriqué en 1580, bien qu'il ait pu appartenir à la reine Elizabeth, ne pouvait pas être le luth donné en 1561. C'est cependant la tradition qui a pu s'égarer, et une faute dans celle-ci ne supprime pas entièrement le luth. une attribution plausible.

PLAQUE X.

LA GUITARE RIZZIO.

CETTE belle guitare en écaille de tortue, combinée avec de l'ivoire, de la nacre et de l'ébène (propriété de M. George Donaldson, Londres), a dix chevilles représentant la fleur de lys, et l'ornement autour de la rose est formé de la même fleur emblématique. C'est sans doute à cela qu'il doit sa réputation romantique d'avoir appartenu à David Rizzio. L'âge apparent de la guitare serait en accord avec un prétendu don de Marie Stuart à Rizzio, et la fleur de lys pourrait la relier aux familles royales françaises ou écossaises ; mais cette légère suggestion de la fleur de lys, à laquelle la guitare doit son intérêt particulier, sans aucun autre témoignage, suffit à peine à confirmer cette fascinante attribution. M. Donaldson m'informe cependant que cet instrument a été acheté en Écosse, il y a près de quarante ans, à une vieille famille qui le possédait depuis des générations avec cette tradition de son ancien propriétaire.

Cette guitare avait dix cordes, formant cinq notes, par paires d'unissons, au lieu de six cordes simples, comme dans la guitare moderne, donnant six notes. C'est la note mi la plus basse qui manque ici. L'instrument mesure 3 pieds 1 pouce de longueur extrême ; le corps mesurant 18¾ pouces de longueur et 10 pouces de diamètre. Les côtes mesurent 3¾ pouces de profondeur.

Cette guitare espagnole est peut-être arrivée pour la première fois en Angleterre sous le règne d'Henri VIII, car il est parfois fait mention, à cette époque, de la viole espagnole, un instrument à archet qui peut avoir été accompagné par la véritable guitare espagnole. Il ne fait cependant aucun doute que la guitare espagnole était présente ici sous le règne d'Élisabeth et qu'elle aurait pu être apportée par les serviteurs de Philippe II. quand il épousa Mary Tudor. Dans la seconde moitié du XVIe siècle, il était déjà connu, apprécié et hautement décoré à Venise ; et il était également connu en France, de sorte que, en tant qu'instrument, il ne serait pas étranger à Marie Stuart, ni à Rizzio non plus. Le luth était cependant le plus en vogue à cette époque, sauf peut-être en Espagne. Le caractère du design de cette guitare dite Rizzio est sans aucun doute mauresque.

The linked image cannot be displayed. The file may have been moved, renamed, or deleted. Verify that the link points to the correct file and location.

The linked image cannot be displayed. The file may have been moved, renamed, or deleted. Verify that the link points to the correct file and location.

PLAQUE XI.

ORGANE POSITIF.

Orgue de CHAMBRE anciennement de la collection Tolbecque et appartenant à l'époque de Louis XIII. L'orgue positif, comme son nom l'indique, était destiné à rester dans un endroit fixe, tandis que le plus petit orgue portatif (orgue portatif) était conçu pour être transporté partout. La disposition des tuyaux était généralement la même dans les deux organes, ce qu'on peut appeler l'ordre naturel, allant du tuyau le plus long dans les graves au plus court dans les aigus, mais certains organes positifs avaient les tuyaux disposés dans une disposition circulaire. , peut-être pour une répartition plus égale du poids sur ce qu'on appelle la table d'harmonie. L'instrument admet plus d'un registre. Il existe des représentations authentiques de positifs dans plusieurs tableaux anciens, l'un des plus connus étant celui du panneau Sainte-Cécile, d'Hubert Van Eyck, dans le célèbre retable de l'Adoration de l'Agneau à Gand. Le panneau original de Sainte-Cécile, aujourd'hui à Berlin, n'a pas été peint après 1426, mais le panneau de Gand est une bonne copie. Un autre panneau de Sainte-Cécile (datant d'environ 1484), avec un orgue positif, d'un peintre inconnu, n'a pas une telle renommée universelle, mais il est néanmoins d'un très grand mérite. Il se trouve au palais de Holyrood, à Édimbourg, et a une valeur égale au panneau de Van Eyck en tant que représentation fidèle de l'instrument et de la disposition chromatique des touches, ainsi introduite très tôt.

L'orgue positif dessiné dans ce volume a été destiné à une utilisation en chambre et non en chœur. Il comporte trois registres, et les tirettes qui les commandent font saillie sur le côté droit du caisson, comme dans les anciens clavecins flamands. Le registre principal, celui des pipes d'exposition en étain doré, s'appelle la Montre ; et l'étendue de celui-ci va du mi en bas jusqu'au troisième do au-dessus, do médian – trois octaves et une sixte. Le deuxième registre, également en étain, est une octave plus haute, mais s'étend seulement du premier mi en bas jusqu'au deuxième do au-dessus, do médian ; le reste du clavier compas est emprunté à la Montre. Le troisième registre est le Bourdon - des tuyaux en bois arrêtés aux extrémités supérieures, une octave plus basse que la Montre. Le Bourdon s'étend dans l'étendue de E une octave et sixième en dessous, jusqu'au deuxième do au-dessus, do médian. Les trois registres de cet instrument sont par conséquent espacés d'une octave, mais Praetorius (1619) décrit un vieux positif dans lequel les registres étaient dans le rapport de la quinte et de l'octave au plus grave ! — une combinaison que l'oreille musicale moderne rejette. Les touches naturelles en buis avec des façades en papier doré, comme on le voit sur ce spécimen, étaient communes aux premiers instruments à clavier connus. Les dimensions de cet orgue positif, y compris le support, sont : hauteur, 6 pieds 4 pouces ; largeur, 2 pieds 6 pouces ; et profondeur, 1 pied 4 pouces. Les peintures à l'intérieur des portes représentent, à gauche, Sainte Cécile jouant sur un orgue positif, tandis que trois anges chantent et qu'un quatrième souffle sur le soufflet ; à droite, un guerrier couronné de laurier est dans l'attitude d'écoute ; à l'extérieur des portes, il y a des panneaux avec des peintures représentant une femme jouant d'un instrument du type viole et une autre jouant de la flûte. Il y a un coq qui chante au sommet de la corniche. Cet Orgue Positif est la propriété du Conservatoire Royal de Bruxelles.

PLAQUE XII.

ROYAL.

LE Regal ici dessiné est le prototype de l'harmonium moderne, mais avec des anches "battantes" et non "libres". L'anche battante est habituellement employée dans l'orgue, et elle tire son appellation des anches touchant les côtés de leur cadre. Le roseau battant a été introduit au XVe siècle, mais on ne sait pas s'il s'agissait d'un simple instrument royal ou d'un orgue. En Angleterre, le mot « royal » a également été utilisé pour désigner un orgue portable, comme le montre la suggestion de Sir John Hawkins selon laquelle la mise en scène de la scène des joueurs dans Hamlet, « Entrez un duc et une duchesse avec des couronnes royales », devrait être "avec des régales et des cornets". Les autorités allemandes les plus anciennes, comme Virdung (1511) et Praetorius (1619), les séparent et décrivent le royal comme un instrument à anche avec clavier exactement comme celui-ci, une sorte d'orgue positif et non portatif. Cette Regal, qui faisait partie de la collection Tolbecque , est attribuée à la fin du XVIe siècle. Il provient de l'abbaye de Freuenfeld en Suisse et appartient aujourd'hui au Conservatoire de Bruxelles. M. Victor Mahillon , conservateur du musée de cette institution, enregistre un autre bel exemplaire de cet instrument très rare en possession de la Communauté des Dames Chanoinesses de l'ordre de Saint-Augustin, à Bruxelles, à laquelle il a été présenté, par le fondateur de l'Ordre, en 1625. Le royal aurait été très utilisé dans les couvents pour accompagner le chant des religieuses. Le Gouvernement belge a aimablement autorisé qu'une sélection d'instruments du Conservatoire, dont le Regal ici dessiné, soit jouée lors des Concerts historiques donnés en juillet 1885, dans la Salle de Musique de l'Exposition des Inventions. Cet instrument, lorsqu'il est sur son support, mesure 2 pieds 8 pouces de hauteur, la largeur est la même et la longueur est de 4 pieds 2 pouces. Le boîtier est en noyer finement sculpté. L'étendue du clavier va du deuxième mi en bas au deuxième la au-dessus, en passant par le do médian, — à peu près l'étendue de la voix humaine et l'étendue fréquente des vieux orgues.

Le mot « royal » vient du fait que l'inventeur avait fait cadeau du premier à un roi, ou aux rois ayant eu dans leurs établissements des faiseurs royaux spéciaux. Rigabello , un instrument aujourd'hui inconnu qui aurait précédé l'orgue de Venise, est également cité comme l'origine du nom. J'ai suggéré ailleurs (*Encyclopædia Britannica* , article Pianoforte) que « royal » pouvait provenir de « regula », une règle, l'idée de gradation étant inhérente à un clavier. L'harmonicon en bois, lorsqu'il était actionné par un clavier, était autrefois appelé regal (régale en bois).

PLAQUE XIII.

ORGUE PORTABLE ET
BIBLE REGAL.

L'orgue portable (orgue portatif , également nimfali) était un instrument de procession suspendu par une sangle sur l'épaule du joueur, de manière à permettre au soufflet situé à l'arrière de l'instrument d'être actionné par la main gauche du joueur, tandis que les touches étaient touchées avec les doigts de la main droite. À cause du ton aigu des tuyaux, du nombre limité de touches et du fait qu'une seule main était utilisée pour les toucher, il est possible qu'une seule voix, ou partie, ait été jouée. Les mêmes remarques peuvent être faites des premiers grands orgues, sauf que, avec eux, chaque touche faisait parler en même temps plusieurs tuyaux de différentes longueurs, de manière à donner l'octave, la douzième et la super-octave, et encore plus haut selon l'accord. intervalles, — en fait, le grand orgue était, à l'exception des tuyaux frontaux, un grand jeu de mélange. Les orgues positifs et portables étaient des éditions plus petites de la partie principale ou à tuyaux avant du grand orgue. Depuis Orcagna et Fra Angelico, au XIVe siècle, jusqu'à DG Rossetti et E. Burne Jones, au XIXe siècle, l'orgue portatif a été un instrument de musique privilégié pour la délimitation des sujets religieux, et du XIVe au XVIIe siècle aucun instrument de musique n'était plus en vogue dans les établissements religieux. Malgré ce fait, je n'en connais que deux qui existent actuellement, et ils sont tous deux de date tardive, étant du XVIIe siècle. L'un, ici dessiné, appartient au Musée du Conservatoire de Bruxelles, tandis que l'autre, appartenant à Sa Grâce le duc d' Athole , est conservé à Blair Athole en Ecosse.

L'orgue portatif de Bruxelles comporte vingt-six tuyaux métalliques disposés sur deux rangées, et possède autant de touches, dans un compas s'étendant du premier mi au troisième fa au-dessus du do médian. Sur le buffet se trouvent des gravures sur bois et sur ivoire, représentant un jeune jouant de la harpe pendant que trois garçons dansent, et une femme jouant sur un orgue portable pendant qu'une fille et deux garçons chantent. Une gravure sur bois du joueur de harpe figure sur la page de titre de ce volume. Il y a un lion conventionnel sur chaque bloc de touches. Les dimensions sont : hauteur, 2 pieds 6 pouces ; largeur, 2 pieds ; et profondeur, 8 pouces.

La Bible Regal, dessinée dans la même planche, est du même genre que le roseau battant Regal. Les tuyaux qui entourent les roseaux sont tellement coupés qu'ils ne font pratiquement rien d'autre que les recouvrir. L'instrument est construit de telle sorte qu'il peut être plié et, une fois fermé, ressemble à un livre, d'où le nom Bible Regal. Le clavier, articulé au milieu, est allongé pour plus de performances. Dans l'instrument dessiné, il est composé de quatre octaves et d'un quatrième compas. Les soufflets se retrouvent en retournant la couverture du livre. La Bible Regal aurait été inventée vers le milieu du XVIe siècle par George Voll, facteur d'orgues de Nuremberg. C'est extrêmement rare; Je n'en connais que deux, un appartenant à M. Wyndham Portal de Malshanger , Basingstoke, et cet instrument, propriété de Mme Frederick Pagden et de sa sœur Miss Ferrari.

PLAQUE XIV.

CETERA.

L'instrument, en italien « Cetera », s'appelle en français « Cistre », et en anglais « Cither », parfois English Guitar. Elle appartient au genre des guitares parce qu'elle a un dos plat, mais toutes les cordes sont enfilées avec du fil, et les sons sont produits, comme ceux de la mandoline en forme de luth , au moyen d'un plectre. Cet instrument d'une beauté exquise du début du XVIe siècle est attribué à l' école brescienne . Anciennement propriété de la Biblioteca Estense à Modène, il a depuis été acquis par M. George Donaldson, Londres. On remarquera sur le dessin qu'une tête de femme sculptée surmonte le cheviller et se résout en un lézard, qui sert de manche pour tenir l'instrument. Une sirène est visible sous la touche, et il y en a deux dans la sculpture du dos. Les côtes sont également sculptées. Pour montrer cette sculpture exquise sur une plus grande échelle, des agrandissements sont donnés de la sirène sur la touche et de la rose dans la rosace. La longueur extrême de l'instrument est de 3 pieds ; et celle du corps mesurée jusqu'au cou, 19½ pouces ; le nombre de cordes est de treize. Praetorius donne l'accordage d'un

tel instrument comme suit : 　　　　le plus aigu étant la corde mélodique unique.

Cet Cetera doit être comparé à celui de M. Alard dans la planche XXVIII. —un instrument fabriqué par le célèbre luthier Antonio Stradivari.

The linked image cannot be displayed. The file may have been moved, renamed, or deleted. Verify that the link points to the correct file and location.

- 48 -

PLAQUE XV.

LUTH.

Un beau luth italien ancien, portant l'étiquette "1600, IN PADOVA Vvendelio Venere ". Ce n'est pas seulement rare, mais on lui attache un intérêt particulier du fait qu'il a été l' instrument de musique préféré de feu Carl Engel. Lorsqu'il s'est débarrassé de sa collection, il a réservé cet instrument pour son propre usage, et probablement sa dernière interprétation sur cet instrument fut " Lascia ch'io pianga " de Haendel, qu'il a jouée à l'auteur actuel, qui possède maintenant l'instrument.

C'est un grand luth mesurant 42 pouces de longueur. La plus grande largeur du corps est de 14½ pouces, avec une profondeur extrême de 8 pouces. Le corps mesure 21 pouces de la base aux épaules ; de là jusqu'à l'écrou est de 10¾ pouces, et il y a 13½ pouces de l'écrou à l'extrémité de la tête, l'angle du cheviller étant obtus. La largeur moyenne de la touche est de 4 pouces. Il est muni de vingt cordes divisées en six paires d'unissons et huit cordes simples pour les basses. Engel l'accorda dans l'accordage en ré mineur, un accord introduit selon Herr Oscar Fleischer dans la première moitié du XVIIe siècle, par le grand luthiste français Denis Gaultier. Cet accord a finalement prévalu non seulement en France et en Angleterre mais en Allemagne ; le même écrivain nous apprend que Joseph Haydn l'a utilisé. Ce luth, lorsqu'il est ainsi accordé, est ainsi disposé :

mais l'ancien accordage du luth était, en hauteur de chambre :

Mersenne (*Harmonie Universelle* , Paris, 1636) place cette gamme de touche un ton plus haut, avec la Chanterelle sur A. Ce changement induit en réalité l'utilisation d'une hauteur plus basse. Grâce à l'accordage de Gaultier, la tension est atténuée sur la note la plus haute - un soulagement très important, lorsque l'on considère le ton de chambre aigu alors habituel, presque un ton entier au-dessus du ton français normal. Grâce aux douze frettes de la touche pour les notes les plus aiguës, les cordes mélodiques pouvaient être élevées chromatiquement d'une octave, faisant ainsi l'étendue extrême de l'instrument quatre octaves et une note, du troisième fa en dessous au deuxième sol au-dessus, Do médian. Avant 1600, le luth était joué, comme nous le montrent les anciennes tablatures ou notations de luth, en notes simples avec des accords occasionnels, une pratique dérivée du jeu du luth que l'on retrouve fréquemment dans la musique moderne du pianoforte. Il y a eu des tentatives de contrepoint, mais elles étaient limitées, car on ne disposait que d'une seule main pour s'arrêter. Certaines grâces ont été utilisées, notamment le *vibrato*, mais il y a lieu de croire qu'elles ont été utilisées pendant un certain temps par les musiciens avant que les compositeurs n'aient jugé bon de les indiquer. Avec la popularité croissante des accords simples, qui ont été développés dans l'accompagnement Continuo ou Thorough Bass, les cordes de basse - les diapasons, comme on les appelait - ont été ajoutées sous l'accord de la touche pour être accordées aux basses selon les besoins du joueur. Enfin, ils furent attachés par l'artifice d'un double manche à un cheviller supérieur, par lequel le luth devint un théorbe. Les deux variétés furent remplacées au début du XVIIIe siècle par la guitare, plus facile à jouer, et par l'épinette, immensément populaire, qui permettait l'exécution d'un contrepoint complet, par la liberté qu'elle donnait d'utiliser les deux mains sur le clavier. On pourrait ici réfléchir à la manière magistrale dont les peintres contemporains dessinaient les mains et les luths. Il me suffit de nommer ces maîtres de l'école hollandaise, Frans Hals, Jan Steen et Terburg, surtout Steen, dont la précision véridique force l'admiration. D'une autre école, il y a un joueur de luth dessiné par Albrecht Dürer, qui est un miracle d'adresse et de précision d'observation.

Il existe une littérature considérable sur le luth appartenant aux XVIe, XVIIe et XVIIIe siècles. Thomas Mace (1676) en parle de manière très amusante. Il considère les luths de Venise comme étant généralement bons, mais donne la plus haute place à Laux Maler de Bologne. Evelyn, dans son Journal, cite également Bologne comme étant célèbre pour ses luths, en particulier ceux des maîtres anciens Mollen, Hans Frey et Nicholas Sconvelt (*sic*), qui étaient allemands. Le premier nommé est probablement destiné à Maler. À l'époque d'Evelyn, les luths de ces facteurs atteindraient des prix extraordinaires. Les ouvrages modernes d'information les plus intéressants sur le luth, ainsi que sur la musique contemporaine en général, sont *La Musique aux Pays Bas*, d'Edmond Vander Straeten (Bruxelles, 1867-85), d'un futur volume dont une monographie a été publiée en prévision, intitulé *Jacques de Saint-Luc, Luthiste Athois du XVII e siècle* (Mayence, 1887) ; *Musique et Musiciens au XVII e siècle*, publication de la « Société pour l'Histoire Musicale des Pays-Bas », éditée par WJA Jonckbloet et JPN Land, et contenant la correspondance musicale de l'astronome Constantin Huygens (Leyde, 1882) ; et une monographie sur le célèbre luthiste parisien Denis Gaultier, par Oscar Fleischer, publiée dans le *Vierteljahrschrift für Musikwissenschaft* de janvier et avril 1886 (Leipsic, Breitkopf et Härtel). Les trois premiers quarts du XVIIe siècle furent une période remarquable par une culture amateur raffinée de la musique instrumentale. L'appréciation de Shakespeare pour le luth et son gracieux hommage d'admiration pour la performance de son ami, le luthiste Dowland, sont bien connus.

PLAQUE XVI.

THÉORBE.

L'instrument dessiné ici a été fabriqué par Giovanni Krebar de Padoue en 1629 et appartient maintenant à M. George Donaldson, Londres.

Le corps de cet instrument est constitué d'ivoire ; le dos de la cheviller et le col sont également en ivoire et sont délicatement gravés d'une vue de Venise, montrant des navires occupés à tirer et des lanciers avançant. Des figures de danse et d'escrime incisées ornent le bas du cou ; il y a une scène de jardin avec de nombreuses figures sur le haut du cou. Grâce aux chevilles, nous trouvons que l'instrument avait huit notes de basse ou diapasons ; une seule corde à chaque note, et qu'il y avait sur la touche cinq cordes doubles et une, la plus haute, simple, la chanterelle ou corde mélodique. Dans le véritable théorbe, le Padouan selon Baron (*Untersuchung des Instruments der Lauten* , Nuremberg, 1727, p. 131), les diapasons étaient des cordes simples. Lorsque les diapasons étaient par paires de cordes, l'instrument était, selon Mersenne (*Harmonie Universelle* , Paris, 1636), appelé (en français) « Luth téorbé » ou (en italien) « Liuto attiorbato », un luth théorbe . Il faut cependant admettre que la règle de Mersenne n'est pas d'application stricte. Les cordes simples, introduites d'abord pour les basses, se généralisèrent enfin partout et bannirent les cordes doubles dans les luths, les théorbes et les guitares. Cependant, les luths étaient alors presque hors d'usage. Le nom d'Archlute est donné par différentes autorités à Théorbe et à Chitarrone (<u>Planche XXI.</u>).

L'utilisation précoce d'une seule corde pour la corde la plus haute ou la corde mélodique peut être observée dans les représentations de luths par les peintres du Quattro Cento . Le théorbe, cependant, n'a été introduit que vers la fin du XVIe siècle. Une peinture très précise et très belle de l'un d'eux peut être observée dans un tableau de Terburg conservé à la National Gallery de Londres (anciennement dans la collection Peel), qui est nommé par erreur dans le catalogue imprimé en usage en 1887 « La leçon de guitare ».

Evelyn connaissait bien le théorbe et prit des cours à Rome et à Padoue. On en parle fréquemment dans son Journal. Il est resté en usage jusqu'à la fin du siècle dernier.

La longueur extrême de ce spécimen est de 3 pieds 5 pouces ; le corps mesure 1 pied 3½ pouces sur près de 11 pouces.

The linked image cannot be displayed. The file may have been moved, renamed, or deleted. Verify that the link points to the correct file and location.

PLAQUE XVII.

TYMPANON.

NOUS dérivons "Dulcimer" de l'espagnol " Dulcemele " comme la seule étymologie à être proposée avec une certaine certitude. Le provençal " Lai " était dans le latin de l'époque " Dulcis Cantus ", " Dulcemele " (lat. *Dulce Melos*) a un anneau apparenté, et par le changement d'un liquide " Dulcimer " est devenu un nom accepté.

Le dulcimer est une variété du psaltérion ou *qanūn* et entretient avec lui la même relation que le pianoforte moderne avec l'épinette ou le clavecin plus ancien. Le psaltérion se faisait sonner avec les doigts, soit avec leurs extrémités charnues, soit en les recouvrant de plectres ajustés comme des dés à coudre pour produire un son plus aigu ; le dulcimer est un instrument plus bruyant, les sons étant produits par des marteaux tenus dans les mains du joueur, et ayant des tiges élastiques grâce auxquelles le rebond nécessaire des cordes est facilité. Les marteaux comportent souvent deux revêtements, un dur et un souple, disposés sur la tête du marteau, de sorte que le joueur peut, en tournant le marteau, utiliser l'un ou l'autre à volonté. L'effet caractéristique du dulcimer, analogue à la mandoline , à la bandurria et aux autres instruments à cordes joués avec un plectre, est la répétition de notes, produisant par cet artifice l'impression d'un son presque soutenu. Les Italiens appelaient le dulcimer « Salterio Tedesco », ou psautier allemand, mais ont maintenant adopté le Zimbalon ; les Allemands l'appellent « Hackbrett » ou planche à découper. C'est généralement un instrument populaire parmi les classes les plus modestes et, à l'époque moderne, il assume son rôle le plus important en tant que cymbalon dans les orchestres gitans hongrois. Le spécimen dessiné ici appartenait à M. Kendrick Pyne de Manchester et est maintenant en possession de M. H. Boddington ; il est élevé sur un support et se trouve dans un étui d'où il peut être retiré pour être exécuté. Il y a une image à l'intérieur du couvercle d'un coucher de soleil et des personnages vêtus de costumes du XVIIe siècle : des soldats avançant et accueillis par des dames portant apparemment des rafraîchissements. Sur le panneau avant, qui est articulé de façon à pouvoir être descendu, sont peints à droite du spectateur un homme pêchant dans un étang et une femme près de lui ; tandis qu'au centre se trouve un bosquet d'arbres et, à gauche, un homme et une femme se rencontrant. L'instrument lui-même est décoré de fleurs peintes en panneaux, entre lesquels se trouvent des carreaux noirs et blancs . C'est probablement italien. Ses dimensions sont : dans la plus grande largeur, 3 pieds 4½ pouces, dans la plus petite, 1 pied 11 pouces. Les angles des côtés mesurent 1 pied 1½ pouce chacun. La profondeur de l'instrument est de 3½ pouces. La hauteur du stand est de 2 pieds 2 pouces.

Il y a dix-sept notes de quatre cordes accordées à l'unisson pour chaque note de cet instrument. Il peut y avoir plus de notes dans un dulcimer et le nombre de cordes peut varier, des groupes de trois, voire cinq unissons, alternant avec quatre dans les anciens dulcimers. Le fil était en laiton pour les instruments anciens et en acier pour les instruments modernes. En raison de l'augmentation de la tension due à la tension ascendante du fil par les chevalets sur la table d'harmonie, les emplacements des chevalets ne peuvent pas être déterminés en observant les simples rapports des tons partiels, mais doivent être trouvés empiriquement. Comme dans tous les instruments à cordes anciens, il y a des ouïes dans la table d'harmonie, dans de vieux dulcimers italiens décorés de belles arabesques ou de roses. Dans les vieux dulcimers italiens et aussi chinois (Yang- ch'in ou psaltérion étranger), les chevalets de la table d'harmonie sont réunis sur deux rangées, les cordes passant alternativement par-dessus et à travers des ouvertures pratiquées dans eux. Ils passent sur des fils de laiton au sommet des ponts, et aux bords du dulcimer sur d'autres fils de laiton qui forment, de chaque côté, ce qu'on peut appeler des noix. Dans les instruments asiatiques et européens modernes, les ponts sont des goujons séparés. Les câbles les plus longs passent par le pont de droite et par les ouvertures du pont de gauche. Les tronçons les plus courts sont inversés et passent sur le pont de gauche. Dans les dulcimers européens, les tronçons les plus courts, frappés à droite du chevalet de gauche, sont une octave au-dessus des tronçons plus longs frappés à gauche du chevalet de droite. Les tronçons les plus courts sont le reste des cordes d'octave, qui, transportées sur le pont gauche jusqu'au bord gauche du dulcimer, sont accordées de manière à être une quinte au-dessus de la série d'octave. Le reste de droite n'est pas utilisé. Il y a donc trois séries de notes, une fondamentale, une octave et une douzième ; ainsi exprimé en notation, les lignes perpendiculaires représentant les écrous, et les cercles la position des ponts.

Ce sont les notes les plus basses des trois séries. La gamme monte généralement à partir d'eux en succession diatonique, dans la série la plus basse avec fa naturel au lieu de fa dièse. Au siècle dernier, des tentatives ont été faites pour accorder chromatiquement certaines parties de la gamme, mais, autant que j'ai rencontré des exemples, sur aucun système vérifiable.

Les Chinois substituent à l'octave des sixtes et dans les deux septièmes les plus basses ; aux septièmes, le demi-ton le plus bas est manqué, sinon la gamme continue, comme dans le dulcimer européen, dans l'ordre heptatonique. Le fil de laiton sur les ponts est un vieil appareil à épinette. Le dulcimer est accordé avec un marteau ou une clé comme un pianoforte, mais, contrairement au piano et aux autres instruments à clavier, il n'a pas de dispositif d'amortissement.

Nous pouvons rechercher le précurseur des dulcimers européens et chinois dans un ancêtre assyrien du Santir persan, ou, peut-être, dans un instrument babylonien plus éloigné. Les dulcimers sont représentés sur les monuments assyriens.

PLAQUE XVIII.

VIRGINAL.

DANS cet intéressant Virginal, qui appartient au Conservatoire de Bruxelles, nous avons un " Vierkante Clavisingel " de Ruckers dans sa décoration extérieure originale telle qu'il a quitté les mains du jeune Hans Ruckers , maître de la Guilde de Saint-Luc d'Anvers. Le décor est un revêtement de papier imprimé à partir de blocs. Le stand est également original. Un virginal ou un clavecin Ruckers intact comme celui-ci est rarement remarqué et, pour le moment, je ne me souviens que d'un seul en Angleterre - un clavecin à clavier unique en possession de Miss Elizabeth Twining, à la Dial House, Twickenham, fabriqué par Andries, le frère du jeune Hans et, comme lui, un fils de l'aîné Hans Ruckers .

La combinaison de touches naturelles blanches et de dièses ou de bémols en ébène constitue le contraste le plus ancien entre les touches inférieures et supérieures, avec la réserve que les touches naturelles les plus anciennes existantes ne sont pas en ivoire mais en buis. Comme c'était l'usage aux Pays-Bas, des devises latines, parfois plus d'une, étaient affichées sur des clavecins ou des instruments à clavier. Celui présenté ici se lit OMNIS SPIRITVS LAVDET DOMINVM . Ces devises, si fréquentes sur les instruments flamands de cette époque, témoignent de la prévenance et du respect des hommes qui les fabriquaient et les possédaient. Outre celui cité (Que tous ceux qui respirent louent le Seigneur), on trouve LAVS DEO (Loué soit Dieu), MVSICA DONVM DEI (La musique est le don de Dieu), MVSICA MAGNORVM EST SOLAMEN DVLCE LABORVM (La musique est la douce consolation de grands travaux), CONCORDIA RES PARVÆ CRESCVNT, DISCORDIA MAXIMÆ DILABVNTVR (Par la Concorde les petites choses grandissent, par la Discorde les grandes choses tombent), SIC TRANSIT GLORIA MVNDI (Ainsi passe la gloire du monde), MVSICA LÆTITIÆ COMES MEDICINA DOLORVM (La musique est la compagne de la joie et la médecine des chagrins), CONCORDIA MVSIS AMICA (La Concorde est l'amie des Muses), ACTA VIRVM PROBANT (Les actes prouvent l'homme), SCIENTIA NON HABET INIMICVM NISI IGNORANTEM (La connaissance n'a d'ennemi que l'ignorant), MVSICA PELLIT CVRAS (La musique dissipe les soucis) et SOLI DEO GLORIA (Gloire à Dieu seul). Les Italiens préféraient les citations plus longues et plus poétiques, comme le souvent répété « Viva fui in sylvis sum dura occisa securi ; Dum vixi tacui mortua dulce cano » (J'étais vivant dans les bois, j'ai été abattu par une hache cruelle ; pendant que je vivais, je je me taisais, maintenant je suis mort je chante doucement) ; ou celle du clavecin qui appartenait à la sœur du Tasse et qui est encore en possession de ses descendants dans la maison où elle vivait à Sorrente : « Tales in altis sentiunt sonos beati spiritus opus » (De tels sons qu'ils entendent dans le ciel, les esprits bienheureux ' travail).

Pour revenir à ce Ruckers Virginal, la table d'harmonie est peinte de motifs floraux à la manière des Pays-Bas, la rose dorée habituelle apparaissant dans l'ouverture ronde de la table d'harmonie, portant la marque du fabricant, qui contient ses initiales, IR, et près de il est écrit à l'encre, *Anno* 1622. Sur le rail au-dessus des vérins (plectres) se trouve l'inscription JOANNES RVCKERS FECIT ANTVERPIÆ . Il y a un tableau à la National Gallery de Londres, de la collection Peel, peint par Metsu , dans lequel est représenté un instrument exactement similaire, peut-être le sien, comme il le retrouve dans un tableau appartenant à la collection de Sir Francis Cook, à Richmond, dans le Surrey. À première vue, il est difficile de croire qu'il ne s'agit pas de la même chose. Un autre se trouve au château de Windsor, dans la collection de SM la Reine, peint par Ver Meer de Delft. Ici encore, la première impression qui se forme est que le peintre a représenté l'instrument représenté dans le présent dessin. De tels Virginals devaient être, à cette époque, les instruments favoris de la polie société hollandaise. Pepys, dans son *Journal* , daté du 2 septembre 1666, fait une référence bien connue à la popularité du virginal à Londres au moment du Grand Incendie. "Rivière pleine de briquets et de bateaux transportant des marchandises, et j'ai observé qu'à peine un briquet ou un bateau sur trois, qui contenait les marchandises d'une maison, mais il y avait deux vierges dedans." Le mot « virginaux », utilisé ici, était évidemment appliqué dans un sens général, désignant tout instrument à clavier et plectre. Le virginal spécial était une épinette oblongue et semble avoir été la « spinetta », sous la forme inventée par les Spinetti vénitiens, vers 1500. L'épinette oblongue italienne était munie d'un couvercle, l'instrument faisant partie intégrante du boîtier. . Il présentait à l'œil l'aspect exact de la cassone ou coffret de mariage, et était également un objet de décoration.

Le son riche de la basse de l'instrument dessiné ici, qui ne sera pas oublié de sitôt, sert à montrer quelle devait être à l'origine la qualité du son dans toute la gamme. C'est cette excellence suprême qui a élevé la réputation de Hans Ruckers et de ses fils à un niveau qui ne pourra être égalé que, plus tard, par les grands luthiers de Crémone ; cela dura aussi longtemps que l'épinette et le clavecin restèrent en vogue.

Ce Virginal représente le n° 15 de mon catalogue d' instruments Ruckers existants dans *le Dictionary of Music and Musicians* de Sir George Grove , article « Ruckers ». Londres, 1883.

Les <u>gravures sur bois</u> au-dessus du <u>contenu</u> de cette œuvre représentent Sir Michael Mercator (1491-1544), facteur d'instruments de musique, dit facteur virginal, du roi Henri VIII. Le portrait a été gravé d'après une médaille du British Museum exécutée par Mercator lui-même, car il était orfèvre et médaillé ainsi que facteur d'instruments, par M. John Hipkins, qui a également gravé le <u>Shophar juif</u> et la gravure sur bois sur le <u>titre : page</u>. La légende sur la médaille nous apprend que Mercator fut le premier chevalier créé à Venloo par le roi. Il a obtenu le titre de chevalier et d'autres distinctions grâce à son succès dans les services diplomatiques secrets. Les recherches de M. WH James Weale, qui a attiré l'attention de l'auteur sur Mercator, ont déterminé que son arrivée dans ce pays a eu lieu en 1527, lorsqu'il apporta des lettres d'introduction au cardinal Wolsey de la part de Floris d'Egmont , comte de Buren et Lord of Isselstein , et d'autres, et deux instruments de musique - comme il était facteur d'orgues, il doit être présumé virginal. Le roi l'engagea contre un salaire annuel. On l'observera dans le portrait que Mercator porte, attachée à son collier, la Rose Tudor. M. Weale a publié ses découvertes le concernant dans *Le Beffroi* , périodique artistique et antiquaire imprimé à Bruges. Le catalogue descriptif de M. Weale des manuscrits rares et des livres imprimés de la collection de prêt de musique historique de 1885, pour la publication duquel nous sommes redevables à M. Bernard Quaritch , peut être mentionné à juste titre à cet égard.

PLAQUE XIX.

VIOLE DE GAMBE.

L'ancienne basse de viole *tire* son nom de Viola da Gamba (viole de jambe) du fait qu'elle était tenue entre les genoux du joueur, d'où le nom allemand « Kniegeige ». Shakspeare en parle comme de « violes de gamboys » dans *Twelfth Night* — où Sir Toby Belch, dans son panégyrique sur Sir Andrew Aguecheek , dit : « Il joue de la viole de gamboys et parle trois ou quatre langues mot pour mot. sans livre, et possède tous les bons dons de la nature. La célèbre Sainte Cécile du Dominiquin est représentée jouant de la viole de gambe. C'était la basse du coffre (ou de la famille) des violes. Une citation de l'autobiographie récemment publiée de l' honorable Roger North, né en 1653, décrit avec justesse l'usage domestique de ces instruments autrefois admirés. Il dit que son grand-père, Dudley, troisième Lord North, lorsqu'il se trouvait dans sa résidence de campagne à Norfolk, "convoquait sa famille de musiciens... et pour un régal important de la compagnie, les concerts étaient généralement tous des violes à l'orgue ou au clavecin. Le violon venait tardivement et imparfaitement, lorsque les mains étaient bien approvisionnées, toute la poitrine se mettait au travail, c'est-à-dire six violes, une musique se formant pour elle qui semblerait maintenant une sorte de musique étrange, étant un bourdonnement entrelacé. Roger North est devenu lui-même un expert des violes aiguës et basses.

Le splendide exemple dessiné ici est l'œuvre de Joachim Tielke, qui l'a réalisé à Hambourg en 1701 ; il appartenait autrefois au célèbre violoncelliste F. Servais. En parfaite conservation, il possède une boîte à chevilles en ivoire magnifiquement sculptée, surmontée d'une tête de femme, avec une touche incisée en dessous. Il n'y a pas de frettes, ce qui est inhabituel sur les violes, car il s'agissait d'instruments à frettes, mais il serait bien sûr facile de les fixer. Le fond est en palissandre alterné d'ivoire ; et le cordier en ivoire forme un caducée. Deux vues sont données de l'instrument, et un profil de la tête et du cheviller est agrandi de moitié. Il a six cordes, un accord préféré étant :

C'était ce qu'on appelait le Harp-way Sharp ; lorsque la cinquième corde était accordée en si bémol, l'accord était appelé Harp-way flat — Harp-way, indiquant la facilité ainsi offerte pour les arpèges.

La cantate solennelle de Bach, « Gottes Zeit ist die allerbeste Zeit » (Le temps de Dieu est le meilleur de tous les temps), s'ouvre avec la viole de gambe, mais, au début du XVIIIe siècle, les compositeurs ont remplacé la viole de gambe par le violoncelle. Le dernier interprète remarquable fut Carl Friedrich Abel, décédé en 1787. Ces dernières années, il a été repris pour ses qualités particulières, qui devraient le conserver pour un usage au moins occasionnel. Feu Henry Webb, à la suggestion du professeur Ernst Pauer en 1862, fut peut-être le premier à l'adopter à nouveau. Il dut se faire enseigner le doigté de l'instrument auprès d'un vieillard de quatre-vingt-six ans. Le doigté est pratiquement celui du luth et, comme M. EJ Payne l'a souligné dans le Grove's *Dictionary of Music and Musicians* (Art. "Violin"), c'était la maîtrise de la touche à six cordes que les luthistes possédaient. atteint par deux siècles de pratique incessante qu'ils ont transférée à la Viola da Gamba , les deux instruments étant ainsi communs aux mêmes joueurs. De ce fait, la basse de viole est restée utilisée beaucoup plus longtemps que les autres membres de la famille des violes. À l'heure actuelle, M. Payne, Herr Paul de Wit de Leipzig et ME Jacobs de Bruxelles ont réintroduit la Viola da Gamba à l'attention du public musical. M. Jacobs jouait sur une corde équipée de cordes sympathiques, avec un grand succès dans les concerts historiques donnés, sous la direction de M. Victor Mahillon , dans la salle de musique de l'Exposition internationale des inventions de Londres de 1885. L'instrument ici représenté appartient au Musée. du Conservatoire de Bruxelles.

PLAQUE XX.

DOUBLE ÉPINETTE OU VIERGE.

CET instrument rare présente l'un des expédients employés pour obtenir un effet plus brillant en ajoutant une corde d'octave, avant qu'une telle corde ne soit attachée en permanence à la table d'harmonie du clavecin lui-même au moyen d'une rangée supplémentaire de cordes placées sous la table d'harmonie du clavecin lui-même. cordes à l'unisson ordinaires. Les épinettes d'octave étaient, comme le décrit Mersenne (1636), rendues indépendantes de l'épinette ordinaire, et il existe de fréquents exemples. Ces petites épinettes étaient placées sur les plus grandes pour fonctionner, comme le dit Praetorius (1619), comme les tourelles d'une tour. Dans cette double épinette, il s'agit d'une partie amovible de l'instrument, et constitue le clavier de gauche, le clavier de droite étant fixe. Le fabricant, comme le prouvent ses initiales HR et son dispositif dans la rosette de la rosace, n'est autre que le célèbre Hans Ruckers l'aîné, d'Anvers. Cette épinette porte le numéro 9 des soixante-six instruments existants de la famille Ruckers catalogués par le présent auteur dans *le Dictionnaire de la musique et des musiciens* de Sir George Grove . Il peut désormais être étendu à soixante-huit. Sur les rails des deux épinettes, on peut lire « Joannes Rvqvers me fecit ». Il existe à Nuremberg une autre épinette double réalisée en 1580 par Martin Vander Beest , qui a été figurée et constitue le frontispice de l' *Illustrirte Geschichte der Deutschen Musik du Dr August Reissmann* (Leipzig, 1881). La double épinette Ruckers ne peut guère être beaucoup plus tardive. Les premiers exemples que je connaisse de la corde d'octave attachée, comme mentionné ci-dessus, au clavecin lui-même, se trouvent dans un double clavecin (français pour clavecin) de Hans Ruckers l'Ancien, daté de 1590, et conservé au Musée du Conservatoire de Paris, et dans un clavicembalo (italien pour clavecin), fabriqué à Pesaro et également en 1590, récemment apporté en Angleterre par MM. Hill, les luthiers, et maintenant acquis par le South Kensington Museum. Ce dernier est un instrument comportant seulement deux cordes pour chaque note. L'invention de la corde d'octave, ainsi que du double clavier, a été attribuée à Hans Ruckers . Les dernières preuves ne plaident toutefois pas en faveur de ces attributions, même si les deux inventions appartiennent très probablement aux Pays-Bas. Ruckers et ses fils, peut-on dire, ont fabriqué des instruments dont la qualité sonore n'a jamais été surpassée. Pour revenir à la double épinette, les deux claviers sont de quatre octaves, celui de droite fixe allant du deuxième do en dessous au deuxième au-dessus, do médian, et celui de gauche amovible est partout une octave plus haut. L'instrument complet repose sur le support à arcades d'origine.

Les peintures sont postérieures à l'instrument lui-même. Les sujets sont sur le couvercle et représentent une lutte devant les dieux entre Apollon et Marsyas, la première divinité jouant de la viole et la seconde de la flûte. L'arrière-plan représente un pays vallonné avec un lac et un château, ainsi qu'un homme sur un bateau. Au-dessus et au-dessous de l'épinette amovible sont peints des paysages avec des personnages, juste au-dessus des enfants dansant ; et au clavier fixe, des hommes et des femmes dansant par paires. Cet instrument agréable appartenait autrefois à MM. Chappell de Londres, mais est maintenant la propriété de M. George Donaldson.

Il y a sept arcs et colonnes percés dans le stand, qui mesure 2 pieds 4 pouces de haut. Les dimensions sont : longueur extrême, 5 pieds 8½ pouces ; la longueur du clavier de gauche, 2 pieds 2½ pouces, et de celui de droite, 2 pieds 1¼ pouces. La largeur de l'arrière vers l'avant est de 1 pied 7½ pouces et la profondeur est de 11½ pouces.

PLAQUE XXI.

TROIS CHITARRONI .

LA signification première de " Chitarrone " est une grande guitare, mais, en fait, cet instrument imposant mais gracieux est un théorbe ou luth basse avec un manche très long pour donner de la longueur aux cordes basses de hauteur grave. Celui de gauche sur le dessin, qui appartient à M. Rudolf Lehmann, Londres, est vénitien, si l'on en juge par la belle décoration. Il comporte trois ouïes avec des roses reliées entre elles d'une manière considérée comme romaine et est ornée de nacre. Il est enfilé avec six paires de cordes sur la touche, chaque paire étant accordée à l'unisson. Sept cordes à diapason simples, ou basses ouvertes, sont tendues depuis le cheviller supérieur, loin de la touche. Il mesure 5 pieds de longueur extrême, celle du cou étant de 3 pieds 5 pouces. Le Chitarrone au centre , qui appartient à M. George Donaldson, et est richement incrusté de nacre, a également trois roses reliées, six paires d'unissons sur la touche et huit diapasons en dehors de celle-ci. Sa longueur est de 6 pieds ; le cou mesure 4 pieds 1 pouce. Il est également vénitien et daté de 1608. Le Chitarrone de droite , présenté à l'Exposition de 1885 par M. Edward Joseph de Bond Street, Londres, comporte six paires d'unissons et sept diapasons. Le manche est orné de damiers et la touche est reliée par treize frettes pour les cordes mélodiques, donnant au joueur un demi-ton de plus que la série chromatique complète.

Le chitarrone est parfois appelé théorbe romain. Il est plus long que le théorbe de Padoue, avec lequel il fut introduit vers la fin du XVIe siècle, en raison de la nécessité de disposer d'instruments de basse d'une plus grande sonorité que ceux utilisés auparavant, afin d'accompagner le théorbe nouvellement inventé. récitatif. À peu près à la même époque, un instrument plus grand de la famille des violes, connu sous le nom de violone, précurseur de la contrebasse, fut également utilisé. Les basses plus lourdes et les harmonies simples, pour lesquelles les Italiens avaient montré une préférence croissante, remplacèrent, dans une large mesure, les ingénieux entrelacs du contrepoint et contribuèrent au développement du dernier rejeton de la Renaissance, celui de Monody, le recitativo et l'aria. —introduit à Florence par Peri, Caccini, Cavalieri et Monteverde, fondement de l'opéra italien moderne.

Le chitarrone fut utilisé dans l'orchestre de Monteverde lors de la première production de son *Orfeo* en 1607. Il en est également fait mention dans un orchestre d'instruments dès 1589.

The linked image cannot be displayed. The file may have been moved, renamed, or deleted. Verify that the link points to the correct file and location.

- 67 -

PLAQUE XXII.

ÉPINETTE.

CETTE « Épinette », avec son support original à six pieds, a été réalisée à Londres vers la fin du XVIIe siècle. "Stephanus Keene Londini Fecit " est inscrit sur le panneau nominatif, qui est typiquement incrusté d'oiseaux et de feuillages. Il s'agit d'une épinette transversale, la « Spinetta traversa » italienne, une adaptation du clavecin bicorde ou tricorde plus long dans les limites de taille de cet instrument qui, comme les épinettes trapézoïdales et oblongues, n'avait qu'une seule corde pour chaque note. La queue est prolongée du côté droit ; le clavier est placé un peu obliquement, et la planche de lutte, avec les chevilles d'accordage, est immédiatement au-dessus du clavier, au lieu d'être, comme dans les anciennes épinettes, à droite. L'étendue du clavier s'étend du deuxième Si en dessous jusqu'au deuxième Ré au-dessus, le Do médian , — dans les quatre octaves et deux notes, soit une note de plus dans les aigus que ce qui se produit dans le diagramme du clavier de Henry. Leçons de Purcell *pour le clavecin ou l'épinette* . La tonalité la plus grave serait cependant accordée au sol du pianoforte le plus grave, le but étant d'obtenir une basse dominante pour le do le plus grave. Le diagramme de Purcell pour l'épinette donne la tonalité la plus basse comme "B B ", mais, dans les leçons, il écrit ici et là à G G , également à A A , pour lequel la touche C ♯ la plus basse serait de la même manière adaptée. Les deux dièses les plus graves de l'épinette ici dessinés présentent la particularité d'être coupés ou divisés, chaque division étant une tonalité indépendante. Ce n'étaient pas des quarts de ton comme on l'a supposé ; les moitiés avant étaient accordées A et B pour les basses dominantes comme le G, et les moitiés arrière C ♯ et D ♯ , des demi-tons chromatiques aux notes naturelles adjacentes, combinant ainsi le principe de "Short Octave", indispensable à l'interprétation de la musique contemporaine, le système chromatique commençant alors à être reconnu .

Stephen Keene était un fabricant d'épinettes bien connu, égal en réputation à ses grands rivaux, Charles Haward, Thomas et John Hitchcock. La première mention connue de Keene apparaît dans une publicité à la fin de la sixième édition de Playford's Introduction (Londres). , 1671), qui annonce que « M. George Dalham , cet excellent facteur d'orgues, habite maintenant à Purple-Lane, à côté du Crooked Billet, où le désir d'avoir de nouveaux orgues, ou de vieux réparés, peut être bien satisfait. ".

"Et M. Stephen Keene, fabricant de harpsycons et de virginals, habite maintenant à Threadneedle-Street, sous le signe du virginal, qui les rend exactement bons, tant pour le son que pour la substance."

Il est prouvé que Keene a été longtemps en affaires par un panneau nominatif en ma possession daté de 1719. En effet, plus long que la période occupée par Thomas Hitchcock, dont l'autographe apparaît dans les épinettes de 1664 et 1703. Les principales dimensions de l'instrument dessiné , qui appartient à MHJ Dale, Cheltenham, sont : largeur extrême, 5 pieds 6 pouces, profondeur extrême, sans la projection du clavier, 1 pied 9¼ pouces. Le clavier mesure 2 pieds 4¼ pouces de largeur et 3 7/8 pouces de profondeur.

PLAQUE XXIII.

QUINTERNA ET MANDOLINE.

LA Quinterna ou Chiterna , la guitare italienne, était autrefois utilisée par l'ordre plus humble des musiciens. Selon Engel, il avait trois paires de cordes en boyau de chat et deux cordes simples recouvertes de fil, et se jouait à la manière d'une guitare-luth avec les doigts, et non avec un plectre. Mais l'instrument dessiné ici, avec ses dix cordes métalliques, doit avoir été joué avec un plectre de l'une ou l'autre manière. Il a été exposé par M. George Donaldson dans la Music Loan Collection du Royal Albert Hall sous le nom de Giterna , une variante évidente du nom. Deux vues en sont ici données. Il est en écaille de tortue avec des arabesques d'ivoire et une tête sculptée en ébène, le dos étant en ébène et ivoire. En longueur, il mesure 24½ pouces et le cou, mesuré à partir du corps, mesure 14 pouces. Les mots « Joachim Tielke Hamburg fecit , 1676 » sont inscrits au dos de l'instrument ; la date suggère cependant un écart considérable par rapport à la Quinterna du South Kensington Museum, de Joachim Tielke, 1539. Engel suppose que le nom de ce célèbre fabricant a été conservé sur plusieurs générations, pour expliquer la différence de dates. Evelyn, visitant Pozzuoli en 1645, dit : « Les gens de la campagne sont si joviaux et accros à la musique , que les agriculteurs eux-mêmes jouent presque universellement de la guitare , chantant et composant des chansons à la gloire de leurs amies . » Cette guitare serait la Quinterna. La mandoline dessinée, également celle de M. Donaldson, est de Domenico Vinaccia , datée de Naples, 1780, et est en écaille de tortue et en nacre, avec un beau dos ou coquille en forme de poire. Il mesure 22 pouces de long, le cou et la tête mesurant 11 pouces.

La Mandoline (Mandolino italien) est plus petite que la Mandora, une sorte de luth alto. Il est enfilé avec du boyau et du fil, les cordes basses étant en boyau recouvert de fil d'argent, et se joue avec un plectre. De plusieurs sortes, dont les Mandore , Mandurina et Pandurina , qui ont été utilisées en Italie, les mandolines milanaises et napolitaines sont les plus connues. La mandoline milanaise , à cinq ou six paires de cordes, conserve d'anciens accordages de cithare ; la mandoline napolitaine , qui est en réalité un instrument du XVIIIe siècle, est évidemment d'introduction plus tardive, car elle est accordée en quintes semblables à un violon, ce qui permet aux violonistes de l'interpréter facilement. Mozart a écrit la sérénade de *Don Giovanni* avec un accompagnement, mais si belle que soit cette composition, l'accompagnement ne semble guère non plus caractéristique de la Mandoline ou de la Bandurria - une petite sorte de guitare espagnole plus grave que la Mandoline , qui, pour couleur locale , aurait été le bon instrument. Ces instruments, comme le Dulcimer, produisent leurs effets caractéristiques au moyen de réitérations de notes, analogues à ce qu'on appelle la « répétition » sur un pianoforte, le but étant de donner une impression de son soutenu, et de faire ressortir la mélodie lorsque plusieurs autres on joue des instruments.

L'accord de la mandoline napolitaine est :

de la Mandoline milanaise de cinq notes—

de la Mandoline milanaise de six notes—

et de la Bandurria...

les trois notes supérieures étant ici du boyau de chat, les notes inférieures étant de la soie recouverte de métal. La Bandurria, comme les Mandolines , se joue avec un plectre, appelé en espagnol « Pua », qui est empêché de dégrader le bois par la présence d'une plaque d'écaille de tortue insérée dans la table d'harmonie. Le plectre est généralement un petit morceau d'écaille de tortue ou de plume.

PLAQUE XXIV.

CRWTH GALAIS.
BALALÄIKA RUSSE.

LE Crwth est un instrument gallois rare, supposé avoir été la « Chrotta Brittanna » mentionnée dans l'une des odes de Venantius Fortunatus, écrite vers 617 après J.-C. et publiée sous le titre de « Venantii Fortunati Poemata » ; mais suivant l'analogie du « cruith » gaélique et du « crot » phonétique du Livre du Doyen de Lismore (une collection de fragments ossianiques du XVIe siècle), la Chrotta britannique était plus probablement une forme précoce du Harpe celtique. Parmi les Crwths gallois originaux connus, il y en a trois : un de la collection Engel du South Kensington Museum, un autre moins parfait du Warrington Museum, et celui dessiné ici, qui appartient au colonel Wynne-Finch de Voelas , Bettws-y-Coed, Galles du Nord. Elles ont été creusées dans des morceaux de bois isolés, sur lesquels la table d'harmonie est collée – une structure très primitive qui s'apparente aux vieilles harpes celtiques. Les dimensions du Crwth du Colonel Wynne-Finch sont : longueur, 22½ pouces ; largeur, entre 10½ et 9 pouces; profondeur, 2 pouces. Cet instrument a six cordes, bien qu'un examen plus approfondi montre qu'il n'en avait à l'origine que cinq ; quatre sont sur une touche jouée avec un arc, et deux sont hors de la touche, destinés à être actionnés par le pouce du joueur. Ces cordes à vide sont une fantaisie relativement tardive, adoptées dans les violes de théorbe, de lyre et de baryton. On dit qu'il y avait un crwth à trois cordes (Crwth thrithant) probablement courbé et accordé en première, cinquième et octave, mais je suis disposé à être d'accord avec le regretté Carl Engel (*Researches into the Early History of the Violin Family* : Londres, 1883) qu'il ne pouvait s'agir que du Rebec médiéval . D'après les observations faites, il y a plus de cent ans, par l'hon. Daines Barrington (publié dans *Archæologia* of the Society of Antiquaries, Londres, Vol. III, p. 20), qui avait l'avantage d'entendre un interprète prétendre être le dernier à jouer de l'instrument, la conformité de la crwth à six cordes était —

Les cordes étaient en boyau de chat. Une autre autorité, Bingley, a entendu le crwth joué à Carnarvon jusqu'en 1801. Il donne un accord différent, dans lequel, cependant, l'arrangement d'octave demeure :

Il semblerait que les notes formant les octaves sur la touche soient jouées ensemble, mais pas les quatre cordes à la fois, comme on l'a parfois supposé. Pour y parvenir , il devait y avoir un talent particulier dans l'utilisation de l'arc. Depuis les grandes ouvertures de chaque côté de la touche, il est possible de retracer, à travers la Rotta ou Rote médiévale intermédiaire , une descendance de la Cythara ou Lyre gréco -romaine . Il y a deux ouïes dans la panse, et le chevalet, qui est placé obliquement, a le pied droit appuyé sur la panse, tandis que le pied gauche, comme dans la tromba marina, passe par la rosace gauche pour s'appuyer sur le ventre. dos. Le pied gauche fait alors office de poteau sonore et met l'ensemble de l'instrument en vibration. Le Crwth du colonel Wynne-Finch a été trouvé sur l'île d'Anglesey. Il porte l'inscription suivante sur une étiquette à l'intérieur : -

FEMME DE MÉNAGE DANS LE PARIS D'
ANIRHENGEL PAR RICHARD
EVANS FABRICANT D'INSTRUMENTS
EN 1742.

Mais il est censé être plus ancien et n'avoir été réparé ou reconstruit que par Richard Evans. Il a été restauré avec beaucoup de soin par M. George Chanot avant d'être exposé à South Kensington dans la Loan Collection de 1872.

La BALALÄIKA est la guitare du paysan russe. Cet exemple a été dessiné en raison de l'ornementation, mais l'instrument commun est généralement assez

simple. Il est venu de Moscou, mais un autre en ma possession, qui m'a été envoyé en même temps de Saint-Pétersbourg, a été

réglé . La Balaläika a trois frettes attachées au manche, pour arrêter le demi-ton, le ton entier et la tierce mineure sur chaque corde. Les cordes sont en boyau de chat. La qualité du ton est très sympathique, presque triste.

Les dimensions du spécimen dessiné sont : hauteur extrême à partir de la base, 30 pouces ; la touche, 13 pouces ; la largeur à la base est de 11½ pouces. La profondeur du coffre sonore, qui est la moitié d'un duodécagone , 5¾ pouces. Les mesures correspondantes des instruments simples du paysan sont : 26¾, 13¾, 13 et 3½ pouces.

La forme triangulaire particulière de la Balaläika est d'un caractère très primitif, la forme incurvée des luths et des guitares étant un développement artistique. Dans un bronze russe délicieusement réaliste présenté à l'exposition sur la santé de South Kensington en 1884, l'interprète tient simultanément le manche de l'instrument et arrête les cordes avec sa main gauche, tandis qu'il les touche, à la manière d'une guitare, avec sa main droite, l'instrument être libre de tout autre support quel qu'il soit.

PLAQUE XXV.

VIOLON,
LE HELLIER STRADIVARIUS
ET DEUX VIEUX ARCHETS NOTÉS POUR LES FLÛTES.

Il s'agit du magnifique violon Stradivarius "Hellier" fabriqué en 1679 et acheté par Sir Samuel Hellier de Womborne , Staffordshire, vers 1734, auprès du fabricant lui-même. Il resta dans la famille Hellier jusqu'en 1875, date à laquelle il fut acquis par M. George Crompton, qui en céda par la suite à MM. WE Hill and Sons de New Bond Street, anciennement de Wardour Street, Londres, les experts de la section violon de la South Kensington Music Loan Collection de 1885. Elle appartient désormais à M. Charles Oldham, qui possède un autre violon incrusté daté de 1687, fabriqué à l'origine pour le roi d'Espagne, et complète son quatuor d'instruments Stradivarius. Ce violon est considéré comme l'une des œuvres antérieures parfaites de Stradivarius et présente des proportions complètes. Il a une plus grande largeur que le modèle dit « grand » de ce célèbre fabricant, et est l'un de ses violons incrustés, dont il n'en existe pas plus de douze. Une lettre de Stradivarius, indiquant le prix (40 £) payé par Sir Samuel Hellier, était disponible jusqu'à il y a quelques années, lorsqu'elle a malheureusement été perdue. Nous ne savons pas pourquoi Stradivarius aurait dû conserver cet instrument en sa possession pendant cinquante-cinq ans : il semble probable qu'il ait eu un autre propriétaire avant Sir Samuel Hellier, et que Stradivarius l'ait repris. Les détails de l'ornement de ce violon ont été corrigés à partir d'un tracé exact pris par Mme Huggins d'Upper Tulse Hill, Londres, une fervente amateur des violons de Stradivari. Le Hellier Stradivarius était certainement l'un des exemples les plus remarquables de la collection inégalée de violons célèbres exposée à South Kensington en 1885.

Une citation du livre bien connu de M. George Hart sur *The Violin, its Famous Makers and Their Imitators* (Londres, 1884, p. 191), résume justement la valeur de ces artisans à l'époque où la lutherie italienne excellait le plus. Il dit : « Les principaux mérites de Stradivari et de ses créateurs contemporains étaient intuitifs. Leurs règles, ayant leur origine dans l'expérience, étaient appliquées selon leur merveilleux sens du toucher et de leur ruse, avec des résultats infiniment supérieurs à ceux obtenus à l'aide de l'art. les dispositifs mécaniques les plus approuvés. Quand à ces considérations nous ajoutons ce dévouement sans lequel rien de grand dans l'art n'a été accompli, nous avons un catalogue d'excellences suffisant pour rendre compte de la grandeur de leurs réalisations.

Les archets qui accompagnent le Stradivarius « Hellier » proviennent de la collection de MM. Arthur et Alfred Hill. L'archet de violon, moyen par lequel la personnalité de l'interprète est transmise à l'instrument et ses diverses puissances sont mises en valeur, n'est pas moins digne d'admiration que le violon lui-même. L'amélioration progressive de l'archet a suivi le développement et l'amélioration du violon, et l'établissement de sa forme et de ses matériaux dans le dernier quart du siècle dernier par François Tourte a en réalité fait du violon un instrument différent de ce qu'il était auparavant. . Avec l'archet de Tourte est venu un pouvoir d'expression du jeu du violon jusqu'alors inconnu.

PLAQUE XXVI.

VIOLONS,
L'ALARD STRADIVARIUS,
LE ROI JOSEPH GUARNERIUS DEL GESÙ.

LES vues arrière et avant du violon à gauche de cette planche sont tirées du Stradivarius "Alard", ainsi appelé du célèbre violoniste qui en était autrefois propriétaire. C'est l'un des plus beaux violons fabriqués par Stradivarius et porte la date de 1715, appartenant ainsi à sa grande période, qui est considérée par les connaisseurs comme s'étendant d'environ 1700 à 1725. Voici la brève histoire de l'Alard Stradivarius. Acheté à Florence au début du siècle actuel par un banquier de Courtrai en Belgique, il passa à sa mort en possession de feu JB Vuillaume de Paris, l'un des luthiers et experts les plus célèbres du siècle actuel. Vuillaume le réserva à son gendre, M. Delphin Alard, professeur de violon au Conservatoire de Paris et de réputation européenne de virtuose, en qui il resta en possession jusqu'à sa retraite de la vie publique en 1876. Il fut alors acquis par M. David Laurie de Glasgow, en possession duquel ce bel instrument reste toujours.

C'est un Stradivarius de forme «grande», et d'un très beau modèle, la cambrure du ventre et du dos étant de proportions exquises, ni exagérées ni faibles. Le travail se situe entre les styles antérieurs et ultérieurs du maître. Un choix judicieux du bois suppose bien sûr, mais on peut observer le fin marquage régulier du dos, ainsi que la belle couleur et la qualité du vernis. Le manche est original, car il est sorti des mains de Stradivarius ; il a cependant été allongé par une pièce ajoutée à sa jonction avec le bloc supérieur de la caisse. Les lettres PS, que l'on retrouve parfois sur les violons Stradivari à l'extrémité du manche du cheviller lorsqu'il est d'origine, sont ici bien distinctes. Ces lettres énigmatiques ont donné lieu à quelques discussions parmi les experts, mais la conclusion semble être qu'il s'agit des initiales du plus jeune fils de Stradivari, Paolo, par les mains duquel les instruments pourraient être passés. Paolo était marchand de draps et non luthier, mais il succéda à la maison de son père après le décès de ses frères.

Le violon "Roi Joseph" Guarnerius del Gesù (del Gesù en raison de la signature de ses violons avec l'appareil ✠ IHS), dont les vues de face et de dos apparaissent à droite de la planche, appartient également à M. Laurie, qui a permis ce bel instrument à tirer pour comparaison avec le non moins beau spécimen de Stradivarius. Les différences dans la construction des instruments de ces facteurs célèbres sont, pour l' œil exercé , considérables. En général, les violons de Guarneri sont plus petits que ceux de Stradivari. Il y a une différence marquée observable dans les contours des deux facteurs, le Stradivarius étant quelque peu carré dans les épaules, les C, ou courbures vers l'intérieur des côtés d'un violon qui ressemblent à cette lettre, et dans la partie inférieure, tandis que toutes ces caractéristiques chez le Guarnerius, ils sont plus courbés. La tête de ce dernier est plus audacieuse, moins symétrique et étrangement originale. Les « *f* s », les ouïes des violons prenant la forme de cette lettre en italique, qui sont magnifiquement courbées par Stradivarius, sont souvent pointues en haut et en bas par Guarnerius. On pourrait s'attendre à ce que cette particularité des « *f* » soit préjudiciable à l'effet artistique, mais il n'en est rien. La cambrure du ventre et du dos est chez Guarnerius moins marquée que chez Stradivarius. D'une manière générale, Guarnerius a laissé son ventre plus épais que celui de Stradivarius. Comme on pouvait s'y attendre, il existe une nette différence de ton entre un Guarnerius del Gesù et un Stradivarius. Je suis redevable au Dr William Huggins, FRS, pour la comparaison intéressante suivante. Le Stradivarius possède, en règle générale, un ton plus brillant avec une capacité illimitée pour exprimer les accents de sentiments les plus variés, « jaillissant comme une source (dit le Dr Joachim dans M. Payne's 'Stradivari', Grove's *Dictionary* , vol. iii., p. 733) et capable de modifications infinies sous l'étrave." Le ton de Guarnerius a une individualité intense, il est puissant et quelque peu contralto, avec une superbe richesse moelleuse fortement teintée de mélancolie.

Le célèbre « Roi Joseph » Guarnerius del Gesù faisait autrefois partie de la célèbre collection constituée par feu James Goding. Elle fut vendue après son décès en 1857 au vicomte de Janzé , de qui M. Laurie l'obtint. L'arc Tourte, monté d'or, d'écaille de tortue et de nacre, montré dans la même planche, est également celui de M. Laurie.

PLAQUE XXVII.

VIOLA D'AMORE .

FRANÇAIS " La Viole d'Amour " est la Love Viol, ainsi appelée à cause de la qualité douce et tendre du son qu'elle produit. Sous les cordes de catgut se trouvent généralement des cordes métalliques qui, étant accordées en conséquence, vibrent par sympathie lorsque les cordes de catgut sont courbées. Ceci est en obéissance à une loi bien connue de la physique, selon laquelle un corps mis en vibration fera sonner un autre corps ayant la même fréquence de vibration lorsqu'il se trouvera à portée de son influence. Dans l'instrument magnifiquement sculpté et incrusté ici dessiné, une viole d'amour parfaite de forme, surmontée d'une jolie tête aux yeux bandés, les cordes sympathiques sont absentes, et si elles ont jamais été attachées, le cheviller a depuis été modifié. Mais il possède les ouïes de « l'épée flamboyante » que l'on trouve invariablement dans une viole d'amour , ainsi que l'ajout, assez fréquent dans cette viole, d'une rose immédiatement sous la touche.

Meyerbeer a relancé l'usage de la viole d'amour en écrivant pour elle le délicieux *obligé* de la chanson de Raoul : « Ah ! quel spectacle enchanteur », dans *Les Huguenots* . Aujourd'hui , M. Carli Zoeller s'est présenté en Angleterre comme le régénérateur de la viole d'amour . Il a publié un manuel d'instructions, avec une introduction historique de valeur, et a également composé pour l'instrument. Le passage intéressant suivant apparaît dans *Musick's Recreation on the Viol Lyra-way* , Londres, 1661, de John Playford : « Les premiers auteurs à inventer et à mettre en place des leçons de cette manière pour la viole furent M. *Daniel Farunt* , M. *Alfonso Ferabosco* et M. *John Coperario* alias *Cooper*. Le premier d'entre eux était une personne d'une grande ingéniosité pour ses nombreuses inventions rares d'instruments, comme le Poliphant et le Stump, qui étaient enfilés avec du fil de fer et aussi sa dernière, qui était une *Lyra Viol* , enfilée avec du fil de fer ; Cordes de luth et cordes métalliques, les unes au-dessus des autres ; les cordes métalliques étaient acheminées à travers un passage creux pratiqué dans le manche de la viole et ainsi amenées à la queue de celle-ci, et relevées un peu au-dessus de la table de la viole par un chevalet de environ ½ pouce. Celles-ci étaient disposées de telle sorte qu'elles étaient équivalentes à celles du dessus, et étaient accordées à l'unisson avec celles du dessus, de sorte qu'en frappant les cordes du dessus avec l'archet, un son était tiré de celles du fil de fer en dessous, qui je l'ai rendu très harmonieux ; j'en ai vu beaucoup de ce genre de violes , mais le temps et la désuétude les ont mises de côté. " Cette description fait peut-être référence à la Viola Bastarda , dont Praetorius attribue l'invention à l'Angleterre. Une grande autorité en la matière, MEJ Payne, écrivant dans *le*

Dictionary of Music and Musicians de Sir George Grove (article Violin), dit que le principe de la vibration sympathique a été appliqué à plusieurs violes, même à la petite Sordino. La Viola Bastarda était la Viola da Gamba avec des cordes métalliques ajoutées. De la même manière, la viole ténor est devenue la viole d'amour habituelle . Mais cette dernière a une construction variée, le nom étant appliqué par Mattheson (1713) à une viole à quatre cordes métalliques et une en boyau de chat, qui, dit-il, portait « le beau nom de Viola d'Amore (Viole d'Amour), en en fait, car il exprime beaucoup de langueur et de tendresse. Cela devait ressembler à la Viola d'Amore « à 5 cordes jouées avec un archet », décrite par Evelyn en 1679 comme « avant tout pour sa douceur et sa nouveauté ».

L'accordage de la Viola d'Amore était au début la manière ordinaire de viole de quartes et de tierces, mais plus tard l'accordage d'accords communs majeurs lui fut donné, connu sous le nom de "Harp-way Sharp" (en raison de l'arpège facile et de la tierce majeure).). Cet accordage a été adopté par Meyerbeer pour son gracieux *obbligato* . Il est douteux que Bach ait écrit pour une véritable viole d'amour ; le compas utilisé dans la Johannis-Passion suggère un alto ordinaire qui aurait pu être en partie cordé avec de l'acier ou du laiton. Berlioz, dans son *Traité d'instrumentation* , écrit à propos de la Viole d'Amour avec des cordes sympathiques : « La qualité de la Viole d'Amour est faible et douce ; il y a quelque chose de séraphique dans sa participation à la fois de l'alto et des harmoniques du violon. Il convient particulièrement au style legato, aux mélodies rêveuses et à l'expression d'un sentiment esthétique ou religieux. On admettra, je pense, que lorsqu'un instrument passé de mode possède une qualité particulière, comme celle que l'on trouve dans cette viole fascinante, il y a une justification suffisante pour le remettre en service.

La Viola d'Amore et les autres instruments de cette œuvre, qui appartiennent à la salle de classe de musique de l'Université d'Édimbourg, ont été dessinés avec la permission du professeur Sir Herbert Oakeley, Mus. Doc., et compositeur de Sa Majesté la Reine pour l'Écosse.

PLAQUE XXVIII.

CETERA,
PAR ANTONIUS STRADIVARIUS.

UNE cithare italienne intéressante, datée de 1700, qui peut être comparée pour sa conception, sa beauté et sa fabrication avec la cithare anglaise de Lord Tollemache connue sous le nom de luth de la reine Elizabeth. Il appartient au violoniste Alard et trouve sa place dans la splendide contribution de violons et autres instruments à cordes envoyés de Paris, par la médiation de M. E. Gand, à la Music Loan Collection du Royal Albert Hall, 1885. Il avait a également été prêté par M. Vuillaume à la collection South Kensington de 1872. Cet instrument, ainsi que la guitare dessinée dans la planche suivante, montrent que Stradivarius n'était pas opposé à la fabrication d'autres instruments que des violons. En plus des cithers et des guitares, il est connu pour avoir fabriqué une harpe. Deux vues sont données de cet cetera, ainsi qu'un profil agrandi de la tête et de la boîte à chevilles. C'est une tête de femme, censée représenter Diane, un satyre et une nymphe derrière la cheviller servant à former une houlette ou une poignée pour soutenir l'instrument, comme le lézard dans cetera de M. Donaldson a déjà été décrit.

On verra que cet Cetera diffère du Quinterna de <u>la planche XXIII.</u> ; c'est sous la forme l'un des instruments de musique les plus anciens existants.

The linked image cannot be displayed. The file may have been moved, renamed, or deleted. Verify that the link points to the correct file and location.

- 85 -

PLAQUE XXIX.

GUITARE,
PAR ANTONIUS STRADIVARIUS.

CETTE Guitare est inscrite au dos du cheviller ANT S STRADIVARIVS CREMONEN S . F 1680. Il a été apporté de Brescia en 1881 et a été acquis par MM. WE Hill and Sons de Londres. On a supposé qu'il s'agissait peut-être de la seule guitare fabriquée par l'illustre luthier ; mais un autre, au Musée du Conservatoire de Paris, est également réclamé pour Stradivarius.

La belle rose arabesque de cette Guitare attirera tous les regards. Les armoiries sur la touche indiquent la famille noble à laquelle appartenait autrefois l'instrument.

Bien qu'elle soit souvent fabriquée en Italie, en France et en Allemagne, la guitare est l'instrument national espagnol, et même si la mode permet pendant un certain temps son utilisation dans d'autres pays, elle est considérée comme un instrument exotique, car le caractère et les traditions de l'instrument l'attachent étroitement à Espagne, où il accompagne universellement le chant et la danse. La Seguidilla et le Fandango andalous accompagnés de castagnettes sont des mesures caractéristiques des danses, avec lesquelles se combinent des performances vocales de *coplas* et *d'estrevillo* (distiques de quatre lignes courtes et un refrain de trois), qui ressemblent davantage à une improvisation qu'à une performance définie. Dans le nord de l'Espagne, la Jota Aragonesa et la Jota Navarra sont accompagnées d'un refrain vocal ainsi que de castagnettes, de claquements de mains et de claquements de doigts. Toutes ces danses espagnoles sont en temps triple avec certaines particularités de rythme ; Parfois, des guitaristes professionnels les élaborent dans des compositions d'un intérêt et d'une beauté particuliers, étonnant l'auditeur par les capacités de la guitare espagnole en tant qu'instrument solo. Mais en vérité, l'artiste se fera sentir, aussi limitées que soient la portée et la puissance de l'instrument.

- 87 -

PLAQUE XXX.

CLOCHE HARPE ET VIELLE à roue.

LA Harpe à Cloches, bien qu'elle apparaisse dans les peintures préraphaélites modernes et qu'elle soit une sorte de psaltérion à cordes métalliques, ne peut être classée comme un instrument médiéval , car elle ne date que d'environ 1700. Son invention est attribuée à John Simcock, un soldat qui, à en juger par l'étiquette à l'intérieur, a probablement donné à l'instrument le nom de son officier supérieur. Il se lit comme suit : « John Simcock, dans le régiment de dragons du très honorable comte d' Ancram , et dans la troupe du capitaine Bell, fabrique, répare et vend la harpe anglaise ; " Robert, troisième comte d' Ancram , puis marquis de Lothian, fut nommé colonel du septième régiment de dragons en 1696.

La harpe cloche dessinée ici appartient à Miss EA Willmott de Warley Place, Essex, ainsi que la vielle à roue située en dessous dans la même assiette. Il comporte quatre roses et quatorze notes de cordes de cuivres de quatre unissons chacune. La longueur extrême des côtés est de 21 pouces ; la largeur en haut est de 6 5/8 pouces et en bas de 13½ pouces. Simcock a construit des harpes à cloches avec plus de notes, parfois de trois unissons chacune, à l'exception de la note la plus grave, qui n'était qu'une seule corde, tendue avec du fil. La gamme d'une autre de seize notes, faite par John Simcock à Bath, telle que donnée par Engel, était :

La harpe cloche, comme la cithare, sonne avec un plectre sur chaque pouce, et l'interprète, tout en faisant tinter les cordes rapidement, tient la harpe par des saillies en bois sur les côtés du cadre, et la fait osciller vers le haut et vers le bas, à quelle action Grassineau (*Musical Dictionary* , Londres, 1740) attribue le nom. C'est peut-être le cas, mais il est certain que le mouvement de balancement ne pourrait avoir aucun effet appréciable sur le ton. Il y a quelques années , un Français jouait de la harpe cloche dans les rues de Londres, attirant le public par la nouveauté de l'instrument et la grâce avec laquelle il le manœuvrait.

LA VIELLE À ROUE.

"Avec des bourdonnements morts, sourds, lugubres et lourds, Avec des gémissements lugubres, avec des gémissements douloureux, Les grondements sobres de la vielle."

Ces lignes, tirées d'une Ode pour la Saint-Cécile, auraient été mises en musique pour d'anciens instruments britanniques par Arne. Mais ils calomnient un instrument qui n'a échoué que faute d'inventeurs à atteindre le développement qui a élevé certains de ses anciens concurrents à la considération dans laquelle ils sont aujourd'hui tenus. Tandis que l'organistrum de l'église est devenu la vielle des Jongleurs, passant au Chifonie et vielle du peuple aux XVe et XVIe siècles, le dulcimer a été le précurseur du pianoforte . La vielle, bien qu'à une époque transformée en un instrument à clavier sostenente décrit par Evelyn et en tant que " Geigenwerk " attirant l'attention de JS Bach, est restée ce qu'elle était. La dernière vielle ou vielle améliorée avait le clavier et l'accordage des cordes à vide suivants :

**Les notes ouvertes correspondent aux
longues touches noires de l'instrument ;
les notes noires avec les touches blanches
courtes.**

Le son est produit par la vibration des cordes, entretenues par le frottement d'une roue avec laquelle elles sont mises en contact, la fonction du mouvement de rotation étant analogue à celle de l'archet du violoniste, la roue étant également préparée, comme l'archet. , avec de la colophane. Il n'est pas rare que des chaînes de sympathie soient attachées.

La vielle à roue ici dessinée porte dans le corps sonore l'étiquette du fabricant, " Louvet, Luthier, à la Vielle Royale, rue de la Croix des Petits Champs, à côté de la petite porte Saint Honoré à Paris , 1757." La longueur, sans la tête, est de 19½ pouces ; la largeur étant respectivement de 8 1/8 et 10 pouces à travers le ventre aux mesures les plus larges. La sculpture de la tête dans cette vielle et dans bien d'autres vielles et violes est un message du passé de soins affectueux prodigués.

Baton, luthier de Versailles, introduisit en 1716 des améliorations à la vielle, dont l'une, en la réduisant à la taille d'une guitare, la rendit plus commode à jouer. Il va même plus loin en l'adaptant aux corps de luth et de théorbe, tandis que lui et ses successeurs étendent progressivement le compas, le sol aigu étant ajouté par Louvet vers 1773. Il devient quelque temps un instrument à la mode, et les représentations de la vielle et de la musette (une cornemuse raffinée) se retrouvent dans la peinture française contemporaine. Mais après la Révolution française, la vielle fut de nouveau reléguée sur les routes et les chemins de traverse ; le dernier acteur de rue populaire à Paris était Barbu, qui, selon M. Louis Pagnerre, devait se faire entendre avant 1870, sur les Champs Elysées et autres espaces ouverts, et occasionnellement dans les cours des maisons de ses clients. Il donnait parfois des concerts, car il était artiste et avait du goût aussi bien que du talent d'exécutif ; il pouvait faire chanter l'instrument, l'utiliser pour accompagner sa propre voix ou jouer un rôle en combinaison avec une guitare et un violon. Il dédaignait de demander de l'argent, comptant sur l'appréciation de son public pour obtenir sa récompense. Barbu avait également été entendu à Londres et aurait été fusillé pendant la Commune.

PLAQUE XXXI.

SORDINI.

LE Sordino est un violon de poche, la " Pochette " des Français et la " Taschengeige " des Allemands. Sa forme dérive du rebec médiéval venu d'Orient et également connu sous le nom de « gigue ». Elle se distinguait de la famille des violes par le manche étant un prolongement du corps de l'instrument, au lieu d'un attachement à celui-ci. Un diminutif de viole, le kit du maître à danser, remplace le kit rebec, ou sordino, au début du XVIIIe siècle. Un sordino, conservé au Musée du Conservatoire de Paris, daté de 1717, est considéré comme unique en tant qu'œuvre incontestable de Stradivarius. Tarisio , un collectionneur de violons bien connu, l'apporta d'Italie en France, et Louis Clapisson , violoniste, compositeur et collectionneur, l'acheta finalement en 1858 et l'employa dans son opéra des " Les trois Nicolas ", écrivant une gavotte. pour ça. Feu M. Chouquet (auteur du *Musée du Conservatoire National de Musique* de Paris, catalogue *raisonné* des instruments de musique de cette collection) a décrit, en termes enthousiastes, l'effet de ce petit instrument lorsqu'on jouait dessus une gavotte par Croisilles . « Les anciens abonnés de l'Opéra Comique s'en souvenaient avec plaisir », dit-il, « remarque qui semblerait impliquer que le sordino, ou pochette, avait une puissance adéquate et une qualité de ton particulière et agréable. L'instrument est pourvu de quatre cordes en boyau et *de* trous de chaque côté du chevalet. Deux Sordini sont représentés dans les trois figures de cette planche, l'une avec une tête de nègre en deux vues, l'autre avec une terminaison en ivoire.

Ces Sordini appartiennent à la Music Class Room de l'Université d'Édimbourg.

The linked image cannot be displayed. The file may have been moved, renamed, or deleted. Verify that the link points to the correct file and location.

- 93 -

PLAQUE XXXII.

CLAVICORDE.

"Le claricord a un accord Kynde
Comme le wyre est arraché haut et bas . "

JOHN SKELTON, poète officiel, né à Oxford en 1489 et mort au sanctuaire de Westminster en 1529, est l'auteur d'un poème intitulé "La Claricorde ", d'où cette citation est tirée. La véritable orthographe est Clavichord, du latin « clavis », une clé, et « chorda », une corde. Le lutteur était l'accordeur, qui arrachait ou tendait le fil à la tension requise. Les mots "wrest-pin" et "wrest-plank" restent d'usage technique pour la cheville d'accordage et le bois dans lequel les chevilles d'accordage sont insérées.

Le clavicorde représenté appartient à M. Gerald Wellesley, de Londres : ses dimensions sont : longueur 5 pieds 8½ pouces ; largeur, 1 pied 9 pouces ; et profondeur, 6½ pouces; largeur du clavier, 2 pieds 9½ pouces. La boussole est de cinq octaves et un demi-ton, du troisième mi en bas au troisième fa au-dessus, milieu C.

La décoration chinoise, très en vogue au début du siècle dernier, était souvent appliquée aux clavicordes et aux clavecins. A titre d'exemple de ce dernier, on peut citer l'instrument ayant appartenu à la reine Sophie Dorothée, conservé jusqu'à récemment dans son palais de Charlottenburg, près de Berlin, mais maintenant au musée Hohenzollern, et au musée Ruckers. clavecin ou clavecin au Musée de Turin. Deux fêtes musicales ou concerts sont présentés sous le couvercle du clavicorde de M. Wellesley, avec des instruments qui ne sont cependant pas chinois, mais des représentations conventionnelles de violons et de guitares européens.

Le clavicorde est sans aucun doute le premier instrument à cordes à clavier, il a été développé à partir du monocorde, utilisé pour enseigner le chant dans les monastères et les écoles paroissiales. Il semble avoir été utilisé dans la seconde moitié du XIVe siècle, mais ce n'est qu'au début du XVIIIe siècle qu'il connut son plein développement, lorsqu'en fait son caractère expressif fut mis en évidence par des améliorations apportées à la forme. instrument et la technique des doigts. Ce sont les Bach qui ont profité de cette qualité pour exprimer un sentiment caractéristique et tendre. Sa sonorité douce et intime est produite par des broches en laiton, appelées tangentes, fixées dans les touches et aplaties aux extrémités supérieures. Élevées aux cordes dans le jeu, ces tangentes mettent les cordes en vibration, et forment en même temps des ponts pour mesurer les longueurs nécessaires aux notes. Le tissu rouge, tissé dans les cordes derrière les tangentes, amortit le son. Dans la mesure où nous avons rencontré les clavicordes, l'instrument comportait deux, parfois trois cordes de fil de laiton pour chaque note accordée à l'unisson ; les aigus étant cependant parfois constitués de fil d'acier pour provoquer un son plus brillant. Il y avait parfois des cordes d'octave jusqu'à l'octave de basse la plus basse, à la manière de certains théorbes, pour rendre ces notes distinctes. Ces groupes d'unissons servaient à deux, trois et même quatre notes selon le point de contact de la tangente qui les affectait, et aux clavicordes ainsi fabriqués, les Allemands appliquaient le mot « gebunden » (fretté). Vers 1700, chaque clé obtenait ses propres cordes ; et l'instrument étant devenu plus grand, il était plus puissant et apte à produire des nuances sonores d'intensité variable. Il y avait aussi le « Bebung », qui est analogue au *vibrato* du violoniste et obtenu en balançant le doigt sur la touche sans la quitter. Le clavicorde est le seul instrument à clavier qui permette cet effet, mais il faut veiller à éviter une aiguisation excessive de la hauteur de la note ainsi traitée - en effet, une égalité constante de toucher doit être maintenue dans le jeu du clavicorde, pour conserver une intonation précise.

L'une des compositions les plus inspirées jamais écrites pour le clavicorde est la « Fantasia Cromatica e Fuga » de Jean-Sébastien Bach. La figuration, la manière de articuler, les arpèges et bien plus encore dans cette pièce sont extrêmement caractéristiques de l'instrument. Pour une interprétation destinée à reproduire, dans la mesure du possible, la lecture originale, la pièce doit d'abord être étudiée sur un clavicorde et non sur un pianoforte. La douce influence de l'instrument se fait vite sentir, et l'interprète comme l'auditeur semblent respirer une atmosphère différente et plus pure. Mais une telle interprétation exige de la concentration et cet environnement calme dont jouissaient les anciens compositeurs.

Je ne suis jamais joyeux quand j'entends une douce musique ;
La raison est que votre esprit est attentif.
SHAKESPEARE .

La musique, qui est plus douce pour l'esprit,
Que des paupières fatiguées sur des yeux fatigués.
TENNYSON.

The linked image cannot be displayed. The file may have been moved, renamed, or deleted. Verify that the link points to the correct file and location.

PLAQUE XXXIII.

LE CLAVECIN DE L'impératrice.

REPRÉSENTE un clavecin de la plus grande taille, point culminant d'un instrument resté en usage pendant près de trois cents ans, mais, au moment de sa fabrication, il était sur le point d'être remplacé par le pianoforte. Ce beau clavecin porte les noms communs de Shudi et Broadwood et a été fabriqué dans la maison maintenant connue sous le nom de n° 33 Great Pulteney Street, à Londres, où l'entreprise de pianoforte de MM. John Broadwood and Sons est toujours exploitée. L'instrument porte le numéro 691 et les livres de la société d'origine montrent qu'il a été fabriqué pour l'impératrice Marie-Thérèse et expédié le 20 août 1773, soit le lendemain de la mort de Shudi . Mais il s'était depuis quelque temps retiré de la facture de clavecins, et cet instrument doit en réalité être attribué à son gendre, John Broadwood. Burkhard Tschudi, ou Shudi comme il écrivait son nom en Angleterre, était issu d'une noble famille suisse. Il avait établi son entreprise de facteur de clavecins dans Great Pulteney Street, vers 1732. Grâce à l'amitié de Haendel, il devint patronné par Frederick, prince de Galles, père de George III, et fut autorisé à utiliser le signe « Le Plume de Plumes" pour sa maison. Il reçut une commande du vieil ennemi de Marie-Thérèse, Frédéric le Grand, de fabriquer deux clavecins pour le « Neues Palais » de Potsdam, où ils sont encore visibles. L'un d'eux est décrit, avec le Forte Piano de Silbermann, dans la célèbre tournée du Dr Burney. Quelques années auparavant, Shudi avait fabriqué un clavecin et l'avait offert à Frédéric à l'occasion de sa victoire à Prague, mais l'auteur de cet article n'a pas pu trouver l'instrument lors d'une visite spéciale à Berlin et à Potsdam, en 1881. On peut dire de Shudi et Jacob Kirkman, autrefois camarades d'apprentissage, puis concurrents, qu'ils ont laissé au clavecin un instrument plus puissant et plus varié dans ses effets, au moyen de jeux et de registres, qu'il ne l'avait jamais été auparavant.

Shudi était l'inventeur du vénitien Swell (breveté en 1769), qu'il destinait au clavecin. Lorsque le brevet expira, cet appareil fut généralement adopté en Angleterre, et, transféré à l'orgue, il est resté, depuis lors, un moyen d'effet important dans cet instrument. La figure de la planche montre le Houle vénitien ouvert, tel qu'il le serait lorsque la pédale droite est enfoncée. Il y a quatre registres et six jeux dans cet instrument. En les prenant dans leur ordre de gauche à droite, on trouve du côté gauche, le « luth », dont les vérins ou plectres font tinter la première corde à l'unisson, près du chevalet en planches de lutte, et donnent un son plus roseau que celui de la première corde à l'unisson. est obtenu à partir des lieux de frappe habituels ; l'« octave », qui, comme son nom l'indique, agit sur des cordes accordées une octave plus haut, qui sont de plus courte longueur et se situent au-dessous des autres ; et le jeu "buff" (parfois appelé "harpe"), qui assourdit en partie les secondes cordes à l'unisson, tout au long, par le contact de petits coussinets de cuir. Sur le côté droit se trouvent les première et deuxième rangées de cordes à l'unisson. Le clavier supérieur comporte uniquement le premier unisson et le luth, tandis que tous les registres sont sous le contrôle du joueur sur le clavier inférieur. L'arrêt de la machine, à gauche des claviers, permet de passer agréablement du luth au buff (harpe) en utilisant la pédale gauche et les deux jeux de touches. Kirkman semble avoir disposé différemment ses jeux de la main gauche : chamois, luth, octave. Les dimensions du clavecin dessiné ici sont de 8 pieds 9¾ pouces de longueur extrême et de 3 pieds 4 pouces de largeur au niveau des claviers. La grande largeur du clavier du pianoforte moderne rend impossible, lors de sa conception, de reproduire la grâce particulière du clavecin.

Parmi les compositeurs, ceux qui ont le mieux compris le génie du clavecin sont Haendel et Scarlatti. Le premier, avec son célèbre Air avec variations en ré mineur et le Presto qui le suit, résumait l'histoire et la technique de l'instrument, telles qu'elles étaient alors connues. Scarlatti a trouvé des caractéristiques si nouvelles à afficher dans les artifices et les effets techniques, que nous sommes toujours attirés par une individualité dont l'originalité n'est pas encore touchée par le temps. Le seul exemple parallèle, bien que ne lui ressemblant en rien, est celui de Frédéric Chopin en tant que compositeur et interprète au pianoforte.

Avec le clavecin sortait l'accompagnement de basse chiffrée, ou basse complète, qui, depuis deux cents ans, avait été la base d'une éducation musicale correcte. Peu à peu, l'entraînement à la technique et à la mémoire en est venu à occuper cette attention chez les pianistes, qui s'était consacrée à développer la fluidité de l'improvisation attendue du claveciniste.

Ce clavecin a été prêté par M. Victor Mahillon , de Bruxelles, à la South Kensington Music Loan Collection, 1885.

PLAQUE XXXIV.

HARPE À PÉDALES.

Une harpe VERTE et dorée ayant appartenu à George IV et qui est maintenant en possession de M. Edward Joseph, de Londres. Il mesure 5 pieds 3 pouces de haut, 2 pieds 6 pouces de largeur extrême et 1 pied 9 pouces de large à la base. Il a été inclus dans la salle historique caractéristique Louis Seize, dans la collection de prêt de musique, Royal Albert Hall, 1885. Cette salle, l'une des trois, a été conçue de manière à exposer les instruments de musique à usage social avec un tel environnement de meubles, de peintures, etc., comme ce serait le cas pour la période. Ces salles historiques, suggérées par M. Alfred Maskell, surintendant officiel de la Collection de prêts de musique, ont été aménagées avec beaucoup de savoir et de goût par M. George Donaldson. Ils représentaient un appartement anglais de l'époque de George Ier, un appartement Tudor qui comprenait le virginal de la reine Elizabeth et un appartement Louis Seize qui, avec la harpe dans la planche qui l'accompagnait, contenait également les Ruckers magnifiquement peints. clavecin ou clavecin (prêté par le vicomte Powerscourt) ayant appartenu à la malheureuse Marie-Antoinette. Il y a une photographie de ce clavecin dans le catalogue de la collection South Kensington, 1872, et une gravure sur bois de la salle Louis Seize, montrant à la fois le clavecin et la harpe, dans l' *Art Journal* d'août 1885.

Le premier mécanisme à pédale a été inventé par Hochbrucker , un Bavarois, vers 1720 ; grâce à cela, il rendit la harpe apte aux changements de tonalité, possibles auparavant, et cela seulement partiellement, par des artifices maladroits. En utilisant une pédale pour élever chaque corde à vide d'un demi-ton, en appuyant sur les cordes, il a donné à la harpe huit gammes majeures et cinq gammes mineures complètes, ainsi que trois gammes mineures descendantes . Les Cousineau , qui étaient Français, père et fils, remplacèrent l'appareil de Hochbrucker par un autre qui saisissait ou pinçait les cordes avec des morceaux de métal de chaque côté, et aussi par des coulisses soulevant ou abaissant les chevilles du chevalet. En doublant les pédales et le mécanisme, et en changeant la tonalité des cordes à vide de E ♭ à C ♭ , vers 1782, ils produisirent la première harpe à double action. Il restait cependant à Sébastien Erard de perfectionner la harpe au moyen d'un mécanisme à fourche des plus ingénieux. Il commença avec la harpe à simple mouvement vers 1786, puis s'intéressa à la harpe à double mouvement en 1801. Ce n'est cependant qu'en 1810 qu'il réussit à produire le point culminant de ses diverses améliorations dans une harpe d'une grande beauté sonore, avec sept pédales et deux transpositions, le demi-ton et le ton entier, permettant de jouer dans n'importe quelle tonalité sans changement de doigté. Malgré ces inventions importantes, la harpe a presque perdu sa place en tant qu'instrument soliste. Il a cependant été exploité par les compositeurs modernes, qui l'ont adopté, avec un effet charmant, comme instrument d'orchestre.

PLAQUE XXXV.

TROMPETTE D'ÉTAT ET
KETTLEDRUM.

CETTE trompette d'État en argent, avec neuf autres, ornées de bannières aux armes royales en pourpre et or, et des timbales d'État en argent, ornées de la même manière, appartiennent à la collection de SM la Reine, au Palais Saint-Jacques. Elles ont probablement toutes deux été fabriquées sous le règne de George III. L'une des trompettes de la collection portant le nom du fabricant, William Shaw, Red Lion Street, Holborn. Henri VIII. avait quatorze trompettes dans sa fanfare royale, tandis que la reine Elizabeth, en 1587, en avait dix.

Le repli de la trompette sur lui-même, caractéristique désormais bien connue de l'apparence de l'instrument, était une invention d'un Français vers la fin du XVe siècle. La trompette est l'un des instruments à vent les plus anciens utilisés de concert avec d'autres. Dès 1607, une pièce pour cinq trompettes, dans l' *Orfeo* de Monteverde, était jouée à la Cour de Mantoue. Il est devenu un instrument très cultivé, et les parties de Haendel et de Bach sont d'une extrême difficulté. Les notes de la trompette sont les harmoniques naturelles produites par la pression variable des lèvres dans l'embouchure. Récemment, des coulisses et des pistons ont été employés pour augmenter sa boussole et rendre son emploi plus facile.

Les trompettes d'État sonnèrent pour annoncer l'arrivée de Sa Majesté la Reine à l'abbaye de Westminster à l'occasion du service d'action de grâces pour son jubilé le 21 juin 1887, comme elles l'avaient été le 20 du même mois, cinquante ans auparavant. , pour proclamer son accession. La Fanfare pour quatre trompettes jouée au service du Jubilé par les Trompettistes d'État est ici donnée avec l'aimable autorisation du compositeur, M. Thomas Harper, lui-même célèbre joueur de trompette à coulisse, un instrument maintenant peu connu sur le continent.

- 103 -

Le State Kettledrum, en argent et drapé de la bannière royale, représente le seul membre de la famille Drum capable de s'accorder au diapason du groupe avec une note clairement reconnaissable . La tête est en vélin tendue sur un anneau s'ajustant étroitement autour de la cuve du tambour. Des vis, travaillant sur cet anneau, serrent ou desserrent la tête pour produire la note demandée à son compas. La paire de timbales est généralement accordée en tonique et dominante, mais des inégalités de tension dans la tête, dues à une membrane non parfaitement homogène, gênent la stricte précision des notes.

The linked image cannot be displayed. The file may have been moved, renamed, or deleted. Verify that the link points to the correct file and location.

PLAQUE XXXVI.

Clairon de cavalerie, AVEC GLANDS.
TROMPETTE DE CAVALERIE, GRAVÉ.
TROMPETTES,
TROIS INSTRUMENTS—AVEC CROOKS, DORÉS ET
MONTÉS EN ARGENT.

LE Clairon de Cavalerie, décoré de pompons et gracieusement offert par SAR le Prince de Galles, Président de l'Exposition Internationale des Inventions, 1885, à la Collection de Prêts de Musique, a un intérêt historique car il a été utilisé par le Trompettiste Smith pour faire retentir la charge au clair de lune du Household Cavalry et 7th Dragoon Guards, à Kassassin en Egypte, le 28 août 1882.

La trompette à crosses était portée par le sergent-major Webb du 5e Dragoon Guards, trompettiste de campagne du duc de Wellington, et avec cet instrument il sonna la grande charge à la bataille de Salamanque, le 22 juillet 1812. C'est la propriété d'un descendant du sergent-major, M. Joseph Webb, qui apporte la description que le vétéran lui a souvent répétée du moment anxieux où l'ordre fut donné de sonner la charge. "Je tremblais de partout lorsque je portais la trompette à ma bouche, car je pouvais voir ce que les garçons avaient devant eux, mais dès que mes lèvres touchèrent l'embouchure, la peur me quitta, et je soufflai une charge telle que je n'en avais jamais eu auparavant ou pourrais après."

La trompette de cavalerie en relief, avec un bec très lourd, appartenant à M. AW Malcolmson, est anglaise et a été fabriquée par William Sandbach au siècle dernier. Les trompettes restantes appartiennent à M. Thomas Harper, la trompette dorée ayant été fabriquée par John Harris vers 1730 et celle montée en argent par William Bull vers 1680.

PLAQUE XXXVII.

LITUUS,
CAVALERIE ROMAINE.
BUCCINA,
INFANTERIE ROMAINE.
CORNET,
À DEUX SOUPAPES.
TROMPETTES.

LE Lituus romain, l'instrument antique droit à extrémité recourbée, est tiré d'une reproduction en bronze de l'original, trouvé dans la tombe d'un guerrier découverte en 1827, à Cervetri , le Caere étrusque , et conservé au Musée du Vatican. . Le lituus tire son nom du bâton de l'augure, auquel il ressemblait par sa forme ; il appartenait à la cavalerie de l'Empire romain. Il produit les notes propres ou harmoniques naturelles suivantes :

la septième étant plus plate que la note qui apparaît dans notre gamme musicale moderne. Le fondamental que donnerait la longueur de ce tube — 5 pieds 4 pouces — ne peut être produit. C'est à partir d'une description minutieuse de l'instrument original, par Signor Alessandro Kraus junior de Florence, que M. Victor Mahillon a pu réaliser cette intéressante reproduction d'un instrument qui semble être la seule trompette antique connue. La Buccina courbée provient d'une autre reproduction de lui d'un instrument conservé au musée de Naples et trouvé lors des fouilles de Pompéi. Il était passé sous le bras gauche de l'exécutant et sur son épaule droite, d'une manière facilement adoptée par un fantassin. Cette Buccina est à l'unisson avec le cor en sol et a une tonalité de clairon. Ses notes sont-

les septième et onzième harmoniques n'étant pas en accord avec les notes correspondantes dans nos gammes reçues, et la fondamentale étant encore une fois impraticable. Faire sonner le lituus et la buccina, c'est réveiller les échos du passé antique ; mais, qu'elle soit soufflée par les Romains, les Grecs ou les Egyptiens, nous pouvons être sûrs que la division harmonique d'une colonne d'air en sections vibrantes ne connaît aucun changement, et était la même alors qu'aujourd'hui.

Le cornet à deux pistons présente l'une des premières adaptations des pistons désormais dominants introduits par C. Saxe de Bruxelles.

Une trompette, de Johann Wilhelm Haas de Nuremberg, est de fabrication obsolète ; l'autre, également de Haas, est courbé en demi-cercle pour faciliter la production de billets arrêtés, et est curieusement gravé.

Ces cinq instruments appartiennent au Conservatoire Royal de Bruxelles.

PLAQUE XXXVIII.

DEUX FLAGEOLETS DOUBLES,
UNE FLÛTE ALLEMANDE ET DEUX
FLÛTES DOUCES .

LE Flageolet est le dernier exemple en usage actuel des « flûtes douces » ou « à bec » (allemand Blockflöten), percées de cônes renversés, c'est-à-dire avec l'embouchure au plus grand bout. Pepys en parle dans son *Journal* (1er mars 1666) : « De retour chez moi, je trouve Salutation, le maître des flageolets, venu enseigner à ma femme, et je pense que ma femme y prendra plaisir, et cela ce sera facile pour elle et agréable ; » et encore (20 janvier 1667) : « Le fabricant de pipes Drumbleby est là pour me conseiller sur la fabrication d'un flageolet qui doit être bas et doux ; et il m'a montré un moyen de le faire , ainsi qu'une manière d'en avoir deux. des tuyaux de la même note attachés ensemble, afin que je puisse jouer dans l'un et ensuite la faire écho sur l'autre, ce qui est extrêmement joli.

Les flageolets doubles de la Plaque ont été fabriqués par W. Bainbridge, Londres, qui avait une spécialité pour de tels instruments. Les flûtes douces — chez Shakespeare *Hamlet* , les « flûtes à bec », étaient fabriquées dans des familles comme les violes, les cromornes , les shawms et d'autres instruments élisabéthains bien connus, une mode à laquelle l'instrumentation moderne montre une tendance à revenir. Evelyn, en 1679, les mentionne comme « maintenant très demandés pour accompagner la voix ». Une flûte basse et une flûte aiguë sont dessinées, ainsi qu'une flûte allemande ou traversière à une touche qui, au siècle dernier, de par sa beauté et son son, bien que défectueuse en intonation, était un instrument préféré et supplanta la flûte douce dans la faveur du public . Lors des concerts de musique ancienne donnés en juillet 1885 par des membres du Conservatoire de Bruxelles dans la salle de musique de l'exposition des inventions de South Kensington, un mouvement d'un concerto de Quanz (maître de musique de Frédéric le Grand) fut joué par M. . Dumon sur une flûte en ivoire à une seule touche. Dans les mêmes concerts, M. Dumon et ses élèves jouèrent une Marche des Lansquenets, du temps de la Paix de Cambrai (1519), sur huit flûtes douces (flauti dolci), en parties, accompagnées d'un tambour. C'était la musique militaire de cette époque.

La flûte allemande est le deuxième instrument de la Planche ; les flûtes douces sont les troisième et cinquième de gauche à droite. Ces instruments et ceux dessinés dans la planche suivante sont la propriété de MM. J. & R. Glen, Édimbourg.

The linked image cannot be displayed. The file may have been moved, renamed, or deleted. Verify that the link points to the correct file and location.

PLAQUE XXXIX.

DOLCIANO . HAUTBOIS. BASSON.
HAUTBOIS DA CACCIA . COR DE BASSET.

LE châle de la Bible anglaise est le schalmey , l'instrument aigu de l'ancienne famille Pommer ou Bombardo et à l'origine du hautbois moderne. Le hautbois da caccia , dérivé du pommer alto ou Bombardo piccolo du XVIe siècle, est devenu hors d'usage, le corno inglese italien (cor anglais français) ayant pris sa place. Il existe une certaine confusion quant à la description par différents auteurs du hautbois de caccia et du hautbois d'amour , je m'en remets à la définition faisant autorité du Dr WH Stone selon laquelle le hautbois de caccia est un basson élevé d'une quarte en hauteur, tandis que le hautbois de caccia est un hautbois de caccia. amore est un hautbois abaissé d'une quinte. Le basson, figure centrale de la planche, a été considéré comme un développement du pommer de basse ou Bombardone , et la transformation a été généralement attribuée à un chanoine de Ferrare nommé Afranio, originaire de Pavie. Cette question est désormais définitivement réglée par le comte LF Valdrighi , bibliothécaire de la Biblioteca Estense de Modène. Il a prouvé (*Musurgiana* , n° 5, " Il Phagotus d'Afranio ") que l'invention d'Afranio, *ante* 1539, était de la nature d'une corna musa (cornemuse ou cornemuse), le sac étant très probablement combiné avec des tuyaux mélodiques de basse douce, appelés à cause de leur qualité de ton « Dolcisuoni », d'où la basse dolcino des orgues d'église. Cette invention fut améliorée par Giambattista Ravilio , également de Ferrare, et trente ans plus tard perfectionnée par Sigismond Scheltzer de Nuremberg, qui, rejetant le sac cornemuse , réunit les deux tubes dans le « fagotto », ainsi nommé d'après la fascine du hêtre (fagus), ou des pédés. Le fagotto est le même que notre basson. Cette clarification d'une invention controversée a été découverte dans un endroit très improbable : dans une Introduction à la langue chaldéenne, publiée en 1539, écrite par le neveu d'Afranio, Teseo-Ambrogio Albonesio , professeur de chaldéen et de syriaque à l'Université de Bologne. .

le dolciano , à l'extrême gauche de la Plaque, doit la suggestion de son nom au basson original. Mais cet instrument a une clarinette ou anche battante, et non l'anche double du hautbois et du basson. Je déclare ce fait sous la haute autorité de M. Henry Lazarus, le clarinettiste, qui le nomme « tenoroon », mais le Dr Stone a accepté ce nom comme synonyme de hautbois da caccia , et appelle cet instrument une clarinette. roseau, " dolciano ". M. Lazarus, alors qu'il faisait partie de la fanfare de l'asile militaire royal, jouait sur un tel instrument, comme il me l'informe, fabriqué par Garrett de Westminster, à une date qui a dû précéder l'invention de Sax, qui combinait le tube conique et l'anche de clarinette dans le saxophone. Le cor de basset, ou corno di bassetto , à l'extrême droite de la plaque, est la clarinette alto, d'une quinte plus basse que la clarinette en do. On dit qu'elle a été inventée à Passau en Bavière en 1770, mais le nom de l'inventeur n'est pas enregistré. Il fut amélioré par Lotz de Presbourg en 1782, puis par Iwan Müller en 1812. Mozart écrivit deux parties pour cors de basset dans son célèbre Requiem. Les positions relatives dans la Plaque du Hautbois et du Hautbois da Caccia sont indiquées ci-dessus.

PLAQUE XL.

SITÁRS ET VÍNA.

LE Sitár est l' instrument préféré de la Haute Inde, et a été réintroduit et perfectionné par le poète-musicien Amir Khusru de Delhi au XIIIe siècle. Le nom est persan et implique « trois cordes », bien que le Sitár ait désormais généralement cinq, six et parfois sept cordes. Les Sitárs appelés *Taruffe* ont des cordes sympathiques en fil fin attachées sur le côté du manche et passant sous les frettes et le chevalet, pour vibrer à l'unisson avec les notes jouées de même hauteur. Cet appareil, bien que récent en Europe, est d'une grande antiquité en Orient, étant mentionné dans la Sangíta Ratnâkera , la première œuvre connue en sanscrit sur la musique. Les cordes principales du Sitár sont jouées par un plectre métallique porté sur l'index de la main droite du joueur ; et leur accord, qui a été noté lorsqu'il a été remis à MAJ Ellis et à moi-même par SS le Rájah Rám Pál Singh, un prince indien résidant en Angleterre, qui jouait sur un beau Sitár maintenant en ma possession, est . Ici, la note clé, ou khuruj , est F. Cette méthode d'accordage, bien que moins courante que les accordages donnés plus tard, est employée dans le nord de l'Inde et au Pendjab ; et un emploi similaire de la deuxième et de la tierce pour les cordes à vide peut être trouvé dans l'accordage du Sur- s'ringâra . La corde Fa est la corde mélodique arrêtée par les frettes. Les autres cordes sont parfois frappées, mais rarement frettées et jamais pour produire une harmonie. Les frettes en laiton sont fixées au manche par des attaches en boyau et sont mobiles, de sorte qu'en changeant leurs positions, différents modes sont obtenus. Le nom sanscrit classique du Sitár , l'instrument dessiné à gauche, était Tritantri (à trois cordes) Vína . Une forme de Sitár , au corps plat, était appelée Káchapi (Kacchapa , une tortue) Vína , maintenant connue sous le nom de Káchwâ. Sitar . L'accordage habituel des Sitárs ayant de trois à sept cordes se fait selon ces intervalles : -

Dans ces accords, C est le khuruj ou note clé, la corde mélodique étant máhdyamâ ou F. Les Sitárs ont généralement dix-sept à dix-huit frettes. Les cinq méthodes pour les disposer, de manière à produire différents modes, appelés Thât , sont les suivantes : -

**Intervalles sur la
corde F ou mélodique.**

Le mot « Thât », employé pour signifier gamme ou mode, ne doit pas être confondu avec « Râga », fondement de toute musique indienne. Le râga n'a pas d'équivalent dans le langage musical européen, mais peut être décrit comme un type mélodique fondé sur les intervalles d'un mode et comportant une succession de notes disposées de manière à exciter un certain sentiment de l'esprit. Il peut y avoir plusieurs mélodies dans un même râga , différant nettement les unes des autres. Les méthodes du Sitár ont été écrites en bengâli par le Rájah Sir SM Tagore, un amateur bien connu, et en Mahrátti par une musicienne brahmane de Poona, Anna Ghárpure , une excellente interprète actuellement au service de SS le Thâkore Sahib de Wadhwân . Outre le Rajah Rám Pál Singh, j'ai eu l'occasion d'entendre un joueur de Jeypur , lors d'une exposition intitulée "L'Inde à Londres", en 1886. La technique et le charme de sa performance ne s'oublient pas facilement. Le corps de résonance d'un Sitár ordinaire est une gourde, mais il en possédait un avec deux gourdes, connu sous le nom de « Been » ou Vína. Sitar .

Le Sitár au centre , au corps en forme de violon, est le Súrsanga , ou Esrar sans cordes sympathiques, un instrument à archet combinant le Sitár et le Sárungí . C'est un instrument moderne, destiné à accompagner les voix de femmes. Il a quatre cordes, accordées, sous l'autorité du Rájah Sir SM Tagore, comme le donne M. Victor Mahillon dans son admirable Catalogue du

Musée du Conservatoire de Bruxelles, .

Le troisième instrument, à droite, attaché à deux gourdes, est le Mahati ou grande Vína – connu aujourd'hui sous le nom de « Been ». C'est l'instrument indien le plus ancien et le plus raffiné, mais aussi le plus difficile à jouer. Il est composé d'un bambou reposant sur deux gourdes et comporte sept cordes : deux sur le côté le plus proche du fa ou corde mélodique, quatre sur les frettes et une sur le côté opposé à la corde mélodique. L'accordage, la hauteur variant avec la taille de l'instrument, est le suivant :

. La corde × est accordée en mi ou en la selon les besoins du « râga » joué. Dans le dessin, cinq cordes ont été représentées sur les frettes ; cependant, la corde, depuis la cheville au-dessus et la plus proche du sillet, doit passer sur une petite tête en ivoire, non représentée, mais placée sur le côté du bambou, entre la deuxième et la troisième frettes, jusqu'au petit chevalet montré le plus loin. extrémité de l'instrument sur le côté, et non sur le chevalet principal. Les frettes, au nombre de vingt-deux, sont à intervalles semi-toniques et fixes. L'instrument se joue avec deux plectres sur les deux premiers doigts de la main droite du joueur ; les deux cordes latérales sont frappées par l'ongle du petit doigt poussé vers le haut ; la corde latérale unique, de l'autre côté, est frappée par le petit doigt de la main gauche lorsque cela est nécessaire. L'instrument est tenu avec la gourde la plus proche de la noix reposant sur l'épaule gauche, tandis que la gourde droite repose sous le bras droit. Il convient de noter que la disposition des cordes est, chez Vínas , inversée par rapport à celle de Sitárs . Il y a une qualité de ton particulièrement douce et plaintive dans le Vína qui fait totalement défaut dans le Sitár .

Il existe aujourd'hui deux systèmes de musique en vogue en Inde : le Karnâtik ou système méridional et l' Hindustâni ou système nordique. Cette dernière est principalement entre les mains de professeurs mahométans, qui ont emprunté aux systèmes arabe et persan. Le Karnâtik est plus mélodieux et possède moins de traces d'innovation étrangère. Les instruments utilisés par les professeurs Karnâtik emploient uniquement les intervalles de quarte et de quinte toniques (ou leurs octaves) sur les cordes à vide. C'est ainsi que nous trouvons le Vína du sud de l'Inde - un instrument avec une seule gourde de résonance et un corps en bois comme un luth - accordé sur les intervalles suivants : -

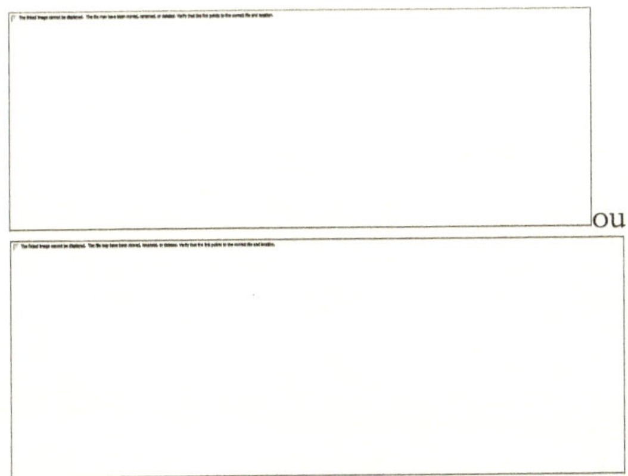

ou

la première méthode étant connue sous le nom de " Pánchamâ s'ruti ", ce dernier comme " Máhdyamâ s'ruti ," à partir des intervalles relatifs entre les chaînes.

Les illustrations du Súrsanga , du Mahati Vína et du Sitár à trois cordes proviennent d'une belle collection indienne, partagée par le Rájah Sir Sourindro Mohun Tagore entre le Conservatoire de Bruxelles et le Royal College of Music de Londres.

Pour avoir complété ces informations concernant les instruments à cordes indiens, ainsi que celles des tambours indiens dans <u>la planche XLI.</u> , Je suis redevable à l'une des plus hautes autorités en la matière, le lieutenant CR Day, Oxfordshire Light Infantry (fin 43e), dont l'expérience personnelle récente et les études approfondies ont été généreusement mises à ma disposition.

PLAQUE XLI.

TAMBOURS INDIENS.

Instruments PEINTS composés d'un tambour en bois, d'un en faïence et d'un Tam-Tam. L'emploi de tels instruments est nécessairement rythmique, et ils occupent une place à la frontière de la musique et du simple bruit. Cependant, M. Rowbotham (*History of Music* , vol. I ., Londres, 1885), en formulant les étapes par lesquelles la musique instrumentale est passée, selon une théorie du développement appliquée à la musique, considère que le tambour a d'abord répondu à la conception naissante de la musique chez l'homme préhistorique, et a depuis été obstinément préservé comme complément au service religieux parmi les races partiellement civilisées . Les filles Nautch, à "India in London", Londres, 1886, ont interprété leurs girations apaisantes au doux Sárungí , un instrument à archet avec des cordes sympathiques, accompagnées du battement de tels tambours.

Il existe de nombreuses variétés de tambours en Inde, les noms variant selon les régions du pays. Le plus grand des trois tambours présentés ici n'est pas utilisé par des musiciens professionnels, mais par des groupes de musique de rue que l'on trouve dans tous les bazars et aux portes des temples, etc., appelés Nahabat ou Nakkera. Khaneh (dans le sud de l'Inde, Perya méla), et composé de mahométans de basse classe, ou hindous de la caste des barbiers. Ces orchestres se composent de tambours de formes et de genres variés et d'instruments primitifs du genre hautbois, avec des bourdons et des cymbales. Les musiciens de l'Est sont généralement placés au-dessus des portes, presque tous les plus importants ayant des galeries à cet effet.

Les musiciens professionnels et les filles Nautch utilisent généralement le *M'ridang* ou *le Tabla* . Le Tambour au corps rayé et aux bretelles en cuir est une sorte de M'ridang . Le véritable tambour portant ce nom est plus long proportionnellement à son diamètre et possède une tête plus grande que l'autre. Les deux têtes sont accordées à la tonique et à la quarte ou à la quinte selon les besoins. Les morceaux de bois entre les croisillons et la coque sont utilisés pour faciliter l'accordage et doivent être remarqués. *Les Tabla* sont de petites timbales en cuivre accordées de la même manière. Jouer du tambour sur de tels instruments est un grand art et ne peut être appris qu'après des années d'études. Un bon joueur *de Tabla* ou *de M'ridang* gagnera entre 100 et 150 roupies par mois. Le poignet, le plat de la main et les doigts sont employés. De tels instruments ne doivent pas être très bruyants, la compétence du joueur étant la première considération. Le M'ridang est considéré comme le plus ancien des tambours indiens ; son origine est communément attribuée au dieu Mahadeo (S'iva).

Le Kettledrum ou Tam-Tam en faïence, illustré ici, est utilisé par les mendiants et les fakirs pour attirer l'attention lorsqu'ils se promènent de maison en maison. Une timbale en cuivre de forme similaire, mais beaucoup plus grande (environ trois ou quatre pieds de diamètre) est connue sous le nom de Nagara ou Nakkera , et est très utilisée dans les bandes attachées au service des temples, et trouvée au-dessus des portes de forts et palais des chefs indigènes. Ces tambours sont battus d'une manière particulière avec des bâtons courts et courbés ; et, bien que lorsqu'on l'entend de près, le son soit tout sauf agréable, cependant, lorsqu'on l'entend de loin parmi les montagnes, en compagnie de hautbois aigus et de bourdons plus graves, les sons montant et descendant avec la brise et résonnant de colline en colline, l'effet est en accord avec la sauvagerie du pays, et l'auditeur écoute souvent, ravi, malgré lui.

Les trois tambours représentés ici appartiennent à la salle de classe de musique de l'Université d'Édimbourg et ont été dessinés avec la permission du professeur Sir Herbert Oakeley.

The linked image cannot be displayed. The file may have been moved, renamed, or deleted. Verify that the link points to the correct file and location.

The linked image cannot be displayed. The file may have been moved, renamed, or deleted. Verify that the link points to the correct file and location.

PLAQUE XLII.

SCIE DUANG ET ARC.
SCIE TAI ET ARC. SCIE OO ET ARC.
KLUI. PIPI.

CES instruments appartiennent à SM le Roi de Siam, et ont été dessinés avec l'aimable autorisation de SAR le Prince Narés. Varariddhi , alors ministre siamois en Angleterre, et frère du roi.

Le Saw Tai, ou violon siamois (figure centrale), a la partie inférieure du manche en ivoire sculpté et la partie supérieure en or émaillé . Le dos est constitué de coquilles de noix de coco, ornées de bijoux . Il y a un boss orné de bijoux sur la membrane sonore, qui est en parchemin. C'est le même instrument que le Javese Rabáb , et est d'origine persane. Les cordes, au nombre de trois, en corde de soie, se rejoignent en haut sous les chevilles, et passent sous une ligature, d'où elles divergent vers le chevalet. Il n'a pas de touche, et la longueur de la corde à vibrer n'est pas délimitée, comme c'est l'habitude pour les instruments à archet, par une pression sur la touche, mais en appuyant sur la corde indépendante avec toute la largeur du doigt, ce qui laisse l'intonation un peu incertaine. Le joueur s'accroupit les jambes croisées et tient l'instrument en position inclinée.

Le Saw Chine, ou violon chinois, est représenté en deux variétés, le Saw Duang (à gauche de la figure centrale) avec des bijoux autour de l'une des chevilles, et le Saw Oo (à droite de la figure centrale). Comme le Saw Tai, ces violons n'ont pas de touche. La corde de l'arc, comme dans les chinois Urh- hsien et Hu- ch'in , est insérée entre les cordes de manière à jouer l'une ou l'autre. Les instruments à vent représentés ici sont une Klui , ou flûte (à gauche), qui a une membrane sur un trou, ressemblant au galoubet basque ; et le Pee (à droite), sorte de hautbois très dur, et ressemblant par le ton à une cornemuse très puissante, ressemblance aidée par la gamme heptatonique particulière du Siamois, n'étant pas loin de la gamme syrienne, remarquée dans le Scotch. cornemuse. (Voir Introduction , page XV. , et planches V. et XLIII.) Le Pee est considéré comme d' origine Javese .

Il existe quatre sortes de groupes au Siam, dont les détails précis sont donnés dans *Notes on Siamese Musical Instruments* , ouvrage préparé à l'ambassade du Siam et publié à Londres en 1885. Le Lao Phān Band, particulier au nord du Siam, comprend l'instrument à anche appelé Phān , mentionné dans l' Introduction , page XVIII.

PLAQUE XLIII.

RANAT EK. KHONG YAI.
TA'KHAY.

CES instruments, comme ceux dessinés dans <u>la planche XLII. </u>, appartiennent à SM le Roi de Siam, et ont également été tirés au sort pour cette œuvre avec l'aimable autorisation de SAR le Prince Narés .

Les harmonicons de bois et de métal, comme le Ranat et le Khong, sont à la base de la musique au Siam, en Birmanie, à Java et dans l'archipel indien en général. Ils s'étendent également jusqu'en Inde et même, dans une autre direction, jusqu'en Afrique du Sud. Accordés au Siam sur une gamme heptatonique, non fondée sur une conception harmonique des accords, ils présentent, au moins idéalement, une échelle de sept marches égales, dont l'oreille native se contente. Les représentations, il y a quelques années, de l'orchestre du roi de Siam au Royal Albert Hall de South Kensington, ont permis d'entendre cette gamme et ont donné toute leur ampleur à la remarquable habileté technique des musiciens de Ranat.

Les instruments dessinés sont un Ranat Ek composé de vingt et une barres de bois, dans un support en forme de berceau joliment orné d'ivoire ; un Khong Yai de dix-huit bouilloires en métal, d'une sorte de bronze ou métal de cloche dit « gongsa », dans un support en ivoire peint en écaille de tortue, avec des bordures de laiton ; et le très particulier Ta'khay , ou crocodile, avec trois cordes et douze chevalets, y compris le sillet, pour les fretter. Ce dernier instrument est joué avec un plectre et orné d'une tête de crocodile et d'ornements en ivoire.

The linked image cannot be displayed. The file may have been moved, renamed, or deleted. Verify that the link points to the correct file and location.

PLAQUE XLIV.

HU-CH'IN & ARC. SHÊNG.
SAN-HSIEN. P'I-P'A.

Nous apprenons du traité complet de MJA Van Aalst sur la musique chinoise, publié, cela peut paraître quelque peu étrange à première vue, par les douanes maritimes impériales (Shanghai, 1884), que le Hu- ch'in , la figure de gauche dans la Plaque, est l'un des instruments de musique les plus populaires à Pékin. Les cordes, au nombre de quatre, sont en soie et sont accordées par paires espacées d'une quinte. Cet instrument est en fait un Erh-hsien ou Urh- hsien à double corde (Van Aalst et Dennys ; Urheen , Engel), et possède la même disposition particulière par laquelle l'archet est fixé entre les cordes pour jouer. Il est en roseau et en crin de cheval, et la colophane est collée sur le corps, un cylindre creux de bambou, de bois ou de cuivre, à travers lequel est enfoncé le long manche de l'instrument. L'extrémité supérieure du corps est recouverte de peau de serpent, tandis que l'extrémité inférieure reste ouverte. L' Erh-hsien , qui a un corps en bambou similaire mais deux cordes seulement, est plus généralement populaire que le Hu- ch'in et se rencontre dans toute la Chine. Le Tich'in , selon Dennys, l' instrument préféré des aveugles, est également courbé de la même manière et possède une demi-coque de noix de coco pour le corps, recouverte d'une fine planche. On pense que ces instruments à archet ont trouvé leur chemin en Chine avec la religion bouddhiste.

Le nom de l'instrument suivant, l'orgue à bouche à anches, Shêng , sonne comme « shung », rimant avec « chanté ». De cet instrument ancien sont nés les développements populaires modernes de l'orgue à « anche libre », appliqué pour la première fois vers 1780, à la demande du professeur Kratzenstein , aux jeux d'anches d'orgue par un facteur d'orgue de Copenhague nommé Kirsnick , qui s'était installé à St. .Pétersbourg, invention peu après portée en Allemagne par le célèbre abbé Vogler. L'Harmonium français et l'Orgue américain, les concertinas et l'accordéon, sont des exemples bien connus du principe de "l'anche libre", qui diffère de l'orgue d'Église à anche battante dans la mesure où l'anche ou vibrateur en métal ne recouvre aucune partie de son corps. cadre. Le Shêng est une gourde dont le dessus est coupé et un couvercle plat cimenté dessus. Vingt et un tuyaux de bambou sont insérés autour du couvercle, mais quatre, destinés à faciliter la tenue de l'instrument, ne sonnent pas. Celles destinées à sonner sont munies de petites anches en laiton. Par une disposition particulière, unique dans les instruments à anches, le vent, attaquant simultanément toutes les anches, s'échappe aussitôt par les évents des tuyaux, jusqu'à ce qu'il soit arrêté par les doigts pour les tuyaux qui doivent sonner. Les longueurs des tuyaux sont simplement ornementales, les longueurs réelles requises étant déterminées par des découpes en forme de fentes dans les tuyaux, non visibles de face. Il y a dix-sept tuyaux sonores, comme déjà dit, mais seulement onze notes, car certaines notes sont répétées à l'unisson ou à l'octave. La gamme, dont se contentent les musiciens *à peu près , peut être ainsi notée :*

La succession des notes dans la première octave ressemble à celle de l'ancien mode phrygien et de ce mode d'église dans lequel est composé le célèbre service de Thomas Tallis. Les mesures exactes des intervalles entendus lors de l'exposition sur la santé se trouvent dans l'article de M. AJ Ellis *sur les échelles musicales de diverses nations* , publié dans le *Journal of the Society of Arts* , Londres, le 25 mars 1885.

M. NB Dennys, dans ses précieuses notes sur les instruments de musique chinois lues devant la branche de la Chine du Nord de la Société asiatique, le 21 octobre 1873, donne le nom de l'instrument à trois cordes du dessin, avec un long manche semblable à un tamboura, comme le Sanhsien , avec lequel M. Van Aalst est d'accord. Les musiciens de Pékin l'appelaient Sient- zê (prononcé comme Shenzy) . Comme le Siamisen japonais , le San- hsien n'a pas de frettes. Le corps en forme de tambour est recouvert sur la face supérieure de peau de serpent, la face inférieure étant laissée ouverte comme dans un tambourin ou un banjo. Les trois cordes étaient accordées en montant un ton mineur entre la première et la deuxième, et une quinte entre la deuxième et la troisième cordes : les cordes extérieures étant par conséquent espacées d'une sixième majeure. Les cordes étaient pincées par deux plectres en os étendus comme des griffes au-delà du bout des doigts, et le joueur arrêtait une gamme pentatonique ou à cinq notes, ainsi :

presque en intonation juste.

La P'i- p'a , selon Dennys et Van Aalst, ou Balloon Guitar (les musiciens de Pékin l'appelaient Phi-pe), a un corps de près d'un pied de diamètre, d'où elle tire son nom anglais, et quatre cordes. joué généralement avec les doigts et accordé en quatrième, cinquième et octave à partir de la note la plus basse. Les grandes frettes semi-elliptiques au-dessus de la touche n'ont pas été utilisées par le joueur présent à l'Exposition de la Santé ; il se limita aux douze cases de la touche. Le P'i- p'a est généralement joué par des hommes qui, dans le sud de la Chine, sont embauchés comme ménestrels ou chanteurs de ballades. L'accordage de cet instrument était pentatonique, comme celui du San- hsien , et la gamme commençait sur la même note, mais l'accordage de l'instrument avec frettes était moins bon que celui noté de l'instrument sans fret. M. Van Aalst nous informe que les notes sont réitérées en passant rapidement le long ongle ou le plectre d'avant en arrière sur la corde, pour produire un effet de sostenuto également recherché en Europe pour la Mandoline , la Bandurria et le Dulcimer. Ces instruments appartiennent à la salle de classe de musique de l'Université d'Édimbourg.

PLAQUE XLV.

TI-TZU CHINOIS, SO-NA, YUEH-CH'IN.
HIJI-RIKI JAPONAIS. LA-PA CHINOIS.

LE Ti-tzu à gauche dans la planche est la flûte chinoise. Il est généralement entouré de soie cirée et orné de glands. Il comporte sept trous outre l'embouchure, celui le plus proche de cette dernière étant recouvert d'une fine membrane comme dans le galoubet provençal , tirée de la sève du bambou et fondue au moment de l'application, destinée à rendre la qualité du ton plus rose. . Les six trous restants sont bouchés avec les doigts. D'après M. Van Aalst, douze notes dans une succession diatonique, commençant par le La du violon, forment l'étendue de cet instrument, mais avec beaucoup d'incertitude d'intonation, qui peut être due autant à la mesure de perçage par l'instrument -les décideurs quant aux particularités d'une échelle chinoise idéale. La gamme jouée à l'exposition sur la santé de South Kensington en 1884 par un joueur de ti -tzu natif était une gamme de si bémol avec la tierce plutôt plus aiguë que la mineure mais moins que la tierce majeure, c'est-à-dire une tierce neutre, qui , comme nous l'avons vu, se rencontre fréquemment dans les gammes non harmoniques orientales. Cependant, il est très difficile de déterminer avec précision les gammes des instruments à vent, en raison de la puissance dont dispose le joueur pour modifier l'intonation en soufflant différemment.

Sona chinoise est un instrument à vent en cuivre, une sorte de hautbois, joué avec une anche double. En raison de la brièveté de l'anche, il y a un disque en dessous pour protéger les lèvres du joueur. Il y a deux petites sphères de cuivre percées comme celles des trompettes des tableaux de Fra Angelico, sous lesquelles se trouvent les sept trous pour les doigts à l'avant et deux trous pour les pouces derrière le tuyau. Un cône en laiton de taille considérable recouvre l'extrémité inférieure et est fixé à l'extrémité supérieure par une ficelle. Cet instrument est peut-être le Soonai indien . Il y a neuf notes, comme dans la cornemuse écossaise, auxquelles la Sona ressemble un peu par la qualité du ton, mais elle est plus stridente et plus désagréable. La gamme, telle que jouée par un indigène à l'Exposition de la Santé, donnait des intervalles de tons entiers et de trois quarts ressemblant à la cornemuse, mais comme l'interprète réussissait à jouer avec d'autres instruments qui différaient apparemment par leur gamme, l'accommodation du souffle doit être attribuée à le résultat à peu près satisfaisant.

La Yueh- ch'in , ou Moon Guitar, ainsi appelée à cause de la forme de la table d'harmonie, possède quatre cordes de soie accordées en quintes par paires. Les cordes sont frappées avec les ongles que les Chinois portent longs, ou avec un plectre. Les cordes sont parfois en cuivre au lieu de soie.

L'instrument est principalement utilisé pour accompagner la voix, et la répétition d'une note, comme dans le P'i- p'a , semble être un effet favori .

Le prochain instrument à vent de <u>la planche XLV.</u> est le Hiji-riki japonais , une pipe conique avec une double anche insérée dans la plus grande extrémité. Pour cette raison, l'instrument sonne environ une octave plus bas qu'un tuyau cylindrique. Le Hiji-riki est en bambou, l'intérieur étant recouvert d'un lit de laque rouge. Il comporte sept trous pour les doigts et deux trous pour les pouces à l'arrière. La gamme, telle que donnée par M. Victor Mahillon , au *Catalogue Descriptif et Analytique du Musée Instrumental du Conservatoire Royal de Bruxelles* , que j'ai eu plaisir à emprunter, ici et ailleurs, est diatonique, avec l'insertion occasionnelle d'une quarte dièse. Cet intervalle est fréquemment entendu dans la musique chinoise, lorsqu'il y a des gammes ascendantes de sept notes. Le disque suspendu au sommet du tuyau est ajusté, lorsque le Hiji-riki est joué, pour protéger les lèvres du joueur, précaution due à la brièveté de l'anche métallique.

La trompette longue est la La-pa chinoise, avec un tube coulissant sur le principe du trombone. Il donne quatre notes, l'octave, la douzième, la super-octave et la dix-septième, mais pas la première. Comme on peut l'imaginer, il s'agit d'un instrument militaire, mais M. Van Aalst nous informe que c'est un privilège pour les réaffûteurs de couteaux ambulants de le souffler dans les rues pour annoncer où ils se trouvent. Un La-pa, avec la cloche repliée en arrière, est utilisé lors des cortèges de mariage.

Les instruments dessinés dans cette planche appartiennent à la salle de classe de musique de l'université d'Édimbourg.

PLAQUE XLVI.

KOTO JAPONAIS.

C'est le Sono Koto à treize cordes du Japon, et un spécimen très joliment orné, prêté pour dessin par M. George Wood, de MM. Cramer and Co., Regent Street, Londres.

Les cordes du koto sont, comme dans tous les instruments à cordes japonais, en soie étirée à travers de la cire, et l'accord suit le système pentatonique déjà décrit à propos du Siamisen , et tel que donné par M. Isawa , directeur de l'Institut de musique de Tokio, dans douze accords pentatoniques populaires différents , qui constituent la base, mais, comme nous l'expliquerons, ne fixent pas exactement les intervalles des performances du joueur de koto . Les cordes sont également longues et épaisses, et sont tendues à une seule tension, les notes étant obtenues au moyen de chevalets mobiles, qui sont autant qu'il y a de cordes. Deux cordes, la première et la troisième, sont accordées de la même manière, à un intervalle d'une quinte au-dessus de la deuxième note ou de la note la plus basse. L'accordage se fait généralement à l'oreille, note par note, le joueur plaçant l'instrument à sa voix, ce qui est bien s'il s'agit d'une voix haute. La musique classique japonaise est chinoise et pourrait être arrivée au Japon avec l'art chinois, via la Corée. On ne le joue cependant que dans la maison impériale ou dans les temples shinto. La musique classique et la musique populaire sont pentatoniques, mais les Japonais n'évitent nullement les demi-tons, qui donnent tant de peine aux Chinois lorsqu'ils s'efforcent de les produire. Le joueur de koto , lorsqu'il joue, s'accroupit très bas sur le sol et porte sur la main droite des dé à coudre en forme de plectre, se terminant par de petites projections d'ivoire, ne touchant avec eux que la division la plus courte des cordes. Il a cependant le pouvoir, en appuyant sur les longueurs non sonores les plus longues avec le bout des doigts de la main gauche, ou en les tirant vers les chevalets, d'augmenter et de diminuer la tension des cordes, et ainsi d'aiguiser ou d'aplatir les notes. et modifier l'accordage par tonalités intermédiaires — licence à ne pas utiliser sans ménagement. Les photos japonaises de joueurs de koto montrent invariablement cette pratique. Les dimensions de ce Koto sont approximativement : longueur, 6 pieds 2½ pouces ; largeur, 8¾ à 9¾ pouces ; profondeur, environ 1¾ pouces sur les côtés. L'instrument est fait de bois Kiri solide et possède deux ouvertures sur la face inférieure . La beauté de l'ornement de l'instrument dessiné ne pouvait guère être surpassée. Le dessin montre des agrandissements des deux extrémités, la moitié de la taille réelle, et montre la parure très décorative de cet instrument remarquable.

L' accordage populaire préféré du Koto s'appelle Hiradioshi . Il est ainsi donné par M. Isawa et d'autres autorités : -

Le maître de musique du village japonais de Knightsbridge, Londres, accordait le Koto sur un Siamisen (planche XLVII.), avec les intervalles pentatoniques marqués sur le manche selon une particularité d'intonation mentionnée dans la description de cet instrument.

PLAQUE XLVII.

SIAMISEN, KOKIU, BIWA.

CE sont des instruments japonais. Le Siamisen et le Biwa ont été dessinés avec l'autorisation de la Commission japonaise de l'exposition des inventions, 1885. Le Kokiu au centre de la planche et son long arc de canne à pêche en quatre longueurs de bois noir monté d'argent appartiennent à l'écrivain.

Le Siamisen est l'instrument à cordes japonais le plus courant et est joué par les chanteuses (Gesha) ; c'est l'instrument de musique caractéristique du village japonais de Knightsbridge, Londres. Le nom y était prononcé Samiseng (le *a* comme dans père), et le Dr Müller, dans un article élaboré sur les instruments de musique japonais dans le *Mittheilungen der Deutschen Gesellschaft für Natur und Völkerkunde Ostasien* , 6 tes Heft. (Berlin, 1884), écrit invariablement Samiseng , mais l'orthographe Siamisen est ici adoptée sous l'autorité de M. Shuji Isawa , directeur de l'école de musique de Tokyo. En longueur, il mesure environ 37 pouces et possède une membrane de résonance en parchemin tendue sur un corps en bois presque carré mesurant 7½ pouces de haut, 6½ de large et 3 de profondeur. Il y a un bouton sur la face inférieure pour un support de corde, et les côtés supérieur et inférieur sont recouverts d'une partie sélectionnée de peau de chat, sur laquelle repose également le chevalet. Les petites taches noires sur cette peau déterminent la valeur de l'instrument. Quatre donnent la valeur la plus élevée ; deux instruments ordinaires de marque ; tandis que ceux sans spots sont bon marché. La taille du Siamisen est déterminée par la voix du chanteur. Les bonnes voix sont des voix hautes ; par conséquent, un bon chanteur en a besoin d'un plus petit. Pour faciliter les déplacements, le corps et le cou sont séparés. Il a trois cordes en soie et, dans la pratique courante, autant d'accords , à savoir. , et .

Il est sans frettes, mais la gamme de doigts que les musiciens japonais du « village » de Londres semblaient connaître uniquement, était indiquée par de petites marques sur le manche et concordait avec l'accordage du koto à treize cordes . Elle comporte ainsi cinq intervalles dans l'octave, qui diffèrent cependant de la gamme pentatonique chinoise et de celle connue à Java sous le nom de Salendro . Les Japonais, tels qu'on les entend au « village », peuvent être décrits, en descendant, comme une tierce majeure, un demi-ton, une tierce neutre ou moyenne (ni majeure ni mineure, mais équivalente à un trois-quarts de ton et un ton entier) , donc — le × désignant le tiers moyen. Cela était accepté comme juste par les indigènes de diverses régions du Japon réunis dans le village dont les dialectes de parole n'étaient pas les mêmes, bien que leur dialecte musical soit donc uniforme. Cependant, puisque M. Isawa donne l'intervalle comme une tierce mineure, et que dans les interprétations que j'ai entendues, l'effet mineur prédomine certainement, je suis disposé à accepter la tierce moyenne enregistrée ici comme n'étant qu'un élargissement de la tierce mineure normale. Il faut se ménager une grande latitude dans le traitement des gammes, notamment celles d'origine non harmonique. Notre propre tempérament égal, le rétrécissement du même intervalle, est rarement remarqué par nous et cela va de soi. Le Siamisen est employé pour accompagner les femmes qui dansent et chantent, et ses sonorités sont une aide importante à l'effet de leur performance.

Le plectre du Siamisen s'appelle en japonais Batsi . C'est ce que montre la planche.

Le Kokiu est une sorte de violon, dans sa construction très similaire au Siamisen , sauf qu'il se joue avec un archet (kiu) au lieu d'un plectre ou d'un percuteur (batsi). C'est généralement un instrument réservé aux femmes, mais il est aujourd'hui très peu joué. Le Dr Müller n'a entendu à Tokio qu'un seul joueur, un aveugle, duquel il a tiré sa description de l'instrument et de la manière de l'interpréter. La longueur totale du Kokiu est d'environ 25 pouces, le corps mesurant 5 pouces de long et de large. Il mesure 2½ pouces de profondeur et est couvert comme le Siamisen . Au lieu du porte-corde de ce dernier, il est doté d'un slip métallique rond de 2½ pouces de long auquel les cordes sont nouées. Le chevalet est long et très bas, avec des encoches pour recevoir les cordes ; trois étant également espacés, tandis que le quatrième est très voisin du troisième. Les cordes sont accordées , les deux proches l'une de l'autre étant des unissons de la note la plus haute. L'arc mesure 45 pouces de long, sur quatre longueurs comme déjà mentionné. Il est démonté pour le transport. Il est plat derrière et ovale devant. Sa partie supérieure est courbée presque à angle droit et toute la tige est très élastique. Il est enfilé de crin blanc d'environ 32 pouces de long, le crin étant importé, car il n'y a pas de crin long au Japon. Il est attaché avec un nœud de soie à un support en argent. Pour jouer du Kokiu, l'arc est pris avec le pouce, le majeur et l'auriculaire, l'index étant étendu le long du dos. Le quatrième doigt tendu, le musicien tend les cheveux lâches de l'archet, puis saisit l'instrument et le pose verticalement sur les genoux, entre lesquels est saisi le porte-corde métallique. En ramenant les poils de l'arc jusqu'au bord du corps de résonance, l'archet est simplement déplacé horizontalement d'avant en arrière, la partie médiane de la corde étant utilisée uniquement. Les cordes sont mises en contact avec l'archet par un mouvement de rotation de l'instrument. Parfois, une seule corde de mi bémol est utilisée, parfois les deux. Les doubles notes sont très rarement utilisées. Le son du Kokiu ressemble beaucoup à celui de la vielle à roue, mais beaucoup plus faible en comparaison.

Le Biwa est un instrument semblable à un luth en forme de poire divisée, devenant plus étroite vers le haut. Le corps mesure environ 34 pouces de long, dont 7½ viennent sur la touche. Il y a quatre frettes sur la touche. Il comporte quatre cordes en deux épaisseurs accordées, selon le Dr Müller, prime, quinte, octave, dixième, comme un clairon d'infanterie, mais le Dr Isawa ne donne pas moins de six accords . Le Biwa se joue avec un batsi en forme de bec de 6½ pouces de long, fait de corne, de bois, d'écaille de tortue ou d'ivoire.

The linked image cannot be displayed. The file may have been moved, renamed, or deleted. Verify that the link points to the correct file and location.

PLAQUE XLVIII.

MARIMBA, D'AFRIQUE DU SUD.

Un harmonicon ZULU en deux vues, l'arrière et l'avant. Il y a dix barres, chacune avec un résonateur de gourde qui y est attaché. Il se joue avec des baguettes, une dans chaque main. Ce Marimba m'a été présenté par M. John Robertson, de Durban, Natal, et il a fourni les détails suivants à son sujet.

Le nom zoulou, Marimba, est varié par Izambilo ; le premier est le plus connu. Cet instrument est fabriqué par la tribu Mindonga , dont le pays marche avec la colonie portugaise d'Inhambane sur la côte Est. Le bois des barres s'appelle Intzari . Les résonateurs sont la coquille d'un fruit appelé Strychnos M'Kenii , ou l'orange Kafir. Les boules des baguettes sont en caoutchouc natif. Le Marimba se joue soit posé sur le sol, soit suspendu au cou de l'interprète par une corde. La gomme native est utilisée pour lier les coques plus grandes et plus petites formant chaque résonateur. Le cordon utilisé est l'intestin de l' aulacode , ou rat de canne. Comme je l'ai remarqué en décrivant les instruments siamois, les harmonicons de bois et de métal sont très largement répandus, dans tout l'archipel indien, au Siam et en Birmanie, parmi les tribus montagnardes de l'Inde et les Kafirs d'Afrique. Les indigènes de la petite république américaine du Costa Rica considèrent le Marimba comme leur instrument de musique national. L'accordage suit la division heptatonique égale, qui autorise les tierces moyennes ou neutres, régnant au Siam, et appréciées par de nombreuses oreilles orientales. En Java, cependant, ce n'est pas le cas ; et, autant que l'on puisse en juger, en examinant les instruments joués par les Javes natifs à l'Aquarium de Londres en 1882 (d'autres instruments ont apparemment donné des résultats différents), il existe deux Javese distincts. accordages, l'un, appelé Salendro , une gamme pentatonique idéalement égale, ou à cinq intervalles dans l'octave, l'autre, appelé Pelog, une gamme heptatonique, ou à sept intervalles dans l'octave, dont la loi n'a pas été déterminée. Parmi ces dernières sont sélectionnées des séries de cinq notes pour former des gammes pentatoniques, présentant des différences remarquables.